经典优势

ICONIC® ADVANTAGE

品牌战略管理与核心价值打造

[美] 余松佳 戴夫·博斯 著
陈媛 李静滢 译

中国友谊出版公司

图书在版编目（CIP）数据

经典优势：品牌战略管理与核心价值打造 /（美）余松佳，（美）戴夫·博斯著；陈媛，李静滢译. —— 北京：中国友谊出版公司，2021.4

书名原文：Iconic Advantage

ISBN 978-7-5057-5183-5

Ⅰ. ①经… Ⅱ. ①余… ②戴… ③陈… ④李… Ⅲ. ①品牌战略-企业管理 Ⅳ. ①F273.2

中国版本图书馆CIP数据核字(2021)第044860号

著作权合同登记号 图字：01-2021-1391

A Savio Republic Book, an imprint of POST HILL PRESS, LLC
© 2018 by Soon Yu
All Rights Reserved
The simplified Chinese translation rights arranged through Rightol Media
（本书中文简体版权经由锐拓传媒取得Email:copyright@rightol.com）

书名	经典优势：品牌战略管理与核心价值打造
作者	[美] 余松佳　戴夫·博斯
译者	陈媛　李静滢
出版	中国友谊出版公司
发行	中国友谊出版公司
经销	新华书店
印刷	文畅阁印刷有限公司
规格	880×1230毫米　32开 8印张　136千字
版次	2021年5月第1版
印次	2021年5月第1次印刷
书号	ISBN 978-7-5057-5183-5
定价	59.80元
地址	北京市朝阳区西坝河南里17号楼
邮编	100028
电话	(010) 64678009

版权所有，翻版必究

如发现印装质量问题，请与承印厂联系调换

电话 (010) 59799930-601

致克里斯蒂娜和布伦登

感谢你们在我过于严肃时逗我开怀大笑

在我心存疑虑时给我解惑并带来灵感

——余松佳

敬瓦莱丽、艾奥娜和西蒙娜

感谢你们给予了一个喜怒无常的作家

难以置信的理解与宽容

——戴夫·博斯

前 言
PREFACE

品牌经典优势的价值与构建意义

经典优势并非是偶然所获的机遇,而是一项周密谨慎的战略。这项战略专注于建立长久的品牌差异和品牌关联性。经典优势能使企业从行业竞争中脱颖而出,与用户建立更强、更紧密的情感联系。这是一种全方位适用的企业战略,有助于企业长期关注自身发展的真正要素。

大多数制造业都挤在一列失控的火车上,朝着生产速度更快、产品更多样、更加商品化的方向前进。不断追求数量与种类,然后将品质推向了末位。毕竟,一款夹克上市,不出数月就会被另一件新款取代,那又何苦再费心去做一件几年都穿不坏的夹克呢？以这种趋势发展前行的企业都专注于下一步，它们只关心新事物。

但是成为经典品牌意味着后退一步，借鉴过去，反思现在。这通常意味着在现有的基础上进行创新，创造出能超越消费增速的特色；意味着改进设计，强化品牌故事内涵，为现有的产品和服务培养出更高的用户忠诚度。在这种情况下，企业可以利用已经投入大笔资金的现有资源进一步发展，使之更具独特性、关联性和普遍性。这也是本书想要给读者传达的打造经典优势品牌的三大关键要素。

经典很重要，与文化象征一样，我们所谈论的是那些饱含意义和关联性，与用户有情感联系的属性。这些属性已经成为其产品市场类别、利基、细分或风向的旗手。在这方面，我们可以从苹果和宝马公司那里学到很多东西，也可以从钢琴艺术家郎朗身上学到很多。正是这种更强大的情感联系帮助我们在市场上创造出真正的、可持续的商业优势。它能建立起牢固的用户忠诚度，带来销量，进而降低成本，提高产品利润。

有大量实践表明，经典优势能够带来更高的用户忠诚度、更大的市场需求以及更强的实力体现。作为全球最大的广告代理集团之一，WPP公司所做的一些研究表明，人们更容易记住经典品牌而不是其他普通品牌。据该公司调查显示，经典品牌的认知度比那些普通品牌高出60%以上。这是因为经典品牌与用户有更紧密的联系，而这种联系既来自情感，也来自理智。

许多营销人员认为，这种联系是频繁向人们投放营销信息的结果，但事实似乎并非如此。CEB公司（前企业执行委员会）曾对7000名消费者做过调查，调查结果显示，在所有声称与某个品牌有关联的人当中，有64%的人表示"共同的价值观"是形成这种关联的主要原因。这也构成了经典优势最根本的基础。

此外，CEB还调查了是什么因素让消费者决定购买产品。结果发现，"让购买决定变得轻松，是消费者选择一个品牌的重要原因"，也就是建立经典优势带来的成果之一。如果产品能赢得消费者的信赖，也就能成为消费者购买时的直接选择。

这种更深层次的联系和逐渐提高的知名度带来的不仅是销量，还有更高的利润。经验告诉我们，与非经典产品相比，经典产品的专营权会带来更高的利润份额。

在本书中，我们阐述了观察过的数十家没有充分理解自身经典优势的品牌。令人感到惊奇的是，这些品牌的经典产品所带来的利润是其他产品的三倍，销量是其他产品的两倍。对企业而言，这些产品专营权具有更高的商业价值，所需的营销和创新预算却是资本投入中最低的。

最简单也最具有说服力的一个理由是，经典优势战略能让受益者赚到更多的钱。但是，推行这一战略还有更加深刻的理由。

人与人之间会形成情感的纽带。与之相似，我们也会与自己心爱的品牌建立起强大的情感联结。无论承认与否，我们每个人都对一些品牌情有独钟。我们对这些品牌的态度就像对待美好浪漫的故事一样。我们不希望看到故事终结，我们希望这种浪漫的爱能在生活中持续留存，我们愿意为之全力以赴。

品牌一旦获得了经典地位，就与用户建立起了"永恒"的关联。我们可以享有这些产品，甚至可以与未来的几代人共享这些产品。作为品牌的管理者，让这份情感联结永葆鲜活，就是我们的职责所在！

这本书在此基础上解释了如何在品牌现有的运行中发现经典价值，以及如何在开发新的经典产品中增加对品牌有利的概率。本书还介绍了如何分析品牌的产品范围，以及找到隐藏的经典设计属性，用来作为品牌核心。它向读者展示了如何在产品中创建即时识别性，并揭示了如何通过已证明的最佳实践来管理设计和创新过程。

本书不仅仅是关于肯定已经成为我们生活一部分的经典品牌，它还给读者提供创造自身品牌的工具。它将帮助读者创造竞争优势，保护品牌不被淘汰，建立更牢固的用户忠诚度。

我们希望，读者能坚持不懈地发展品牌的经典优势。我们也希望，在这个过程中，读者能向这世界传播更多的幸福、快乐与意义。

目录
CONTENTS

前言 品牌经典优势的价值与构建意义

第1章 打造经典品牌，明确品牌核心价值

AA美国服饰失败的原因究竟何在　　/004
何为经典优势　　/009
经典优势的综合成因　　/012
将战略简单化　　/013
始于理论，高于理论　　/019

第2章 经典优势的组织构成

品牌资产的组织构成　　/025
品牌化的不同层次　　/029
经典差异化　　/033
无可争辩的数据　　/036
更高的销量与更低的成本　　/038
经典优势组建框架　　/039

第3章 创建品牌瞩目力

瞩目力究竟是什么	/047
品牌何以独特	/049
定义你的招牌元素	/052
在正确的地方投资	/054
现实中的招牌元素	/054
人们生来需要经典	/056
成为能跃入脑海的产品	/057
设计招牌元素	/059
经典身份标识	/060
创建品牌瞩目力	/070
打造引人瞩目的品牌产品	/072

第4章 培养品牌持续力

培养品牌持续力	/080
产品关联度层面	/082
关联度矩阵	/086
保护招牌元素，保持熟悉度	/087

制定经典品牌语言	/089
传承和发展故事，赋予品牌意义	/093
创造新的益处，传递快乐	/101
重塑设计，点燃激情	/107
应用关联度矩阵	/114
从零开始构建关联性	/115

第5章 构建品牌扩展力

何为扩展力	/122
循序渐进推行战略	/123
你的商业世界有多普遍	/125
普遍认可的重要性	/127
关于认知度的科学	/128
如何建立普遍认可	/130
与招牌元素保持相关	/133
扩展力的三个向量	/134
品牌扩展力检验	/149

第 6 章　为经典优势打下基础

不要期待成为每个人的选择	/158
拥有前后一致的表现	/159
如何发现并维护招牌元素	/160
了解自己的品牌	/161
外在成功始于内在驱动	/170
品牌DNA不可忽略	/171

第 7 章　捕捉经典品牌语言

经典优势的推行指南	/176
讲述完整的品牌故事	/177
经典品牌语言实例	/181
如何发挥经典品牌语言	/190
经典品牌语言为何值得拥有	/195

第 8 章　激活品牌经典优势

创建经典品牌的商业能力要求	/200
制订商业计划和实施战略	/211

制订创新增长计划	/212
制定设计方案，增强瞩目力	/213
发展创新渠道，维护品牌持续力	/214
制订营销计划，增强品牌扩展力	/215
开发经典投资组合管理实践	/218
打造用户首选的经典产品	/222

第9章 强效推行经典优势战略

为新业务奠定坚实基础	/225
成就名副其实的"优势"	/225
严格执守经典优势战略	/226
改变现状的勇气	/227
为什么要推行经典优势战略	/228
回归以人为本	/229

致谢	/231

第 1 章
打造经典品牌，
明确品牌核心价值

经典优势是一种战略，这种战略专注于建立长久的品牌差异和品牌关联性。经典优势能使企业从行业竞争中脱颖而出，与用户建立起更强的情感联系。

经典优势

1989年,还是大学生的多夫·查尼(Dov Charney)在宿舍里萌生了一个念头。那并不是什么了不起的想法,他只是想要把美国制造的T恤出口到加拿大。于是他创立了一家公司,取名为"AA美国服饰"(American Apparel)。没过多久,他就赚了不少钱,便辍学专心做起了这门生意。

之后的十年里,他迁往洛杉矶,在当地开了一家成衣厂,支付工人现行工资两倍的薪水,从而撼动了整个服装业。短短几年时间,AA美国服饰就发展壮大,成为美国最大的T恤制造厂商。

产品大卖后,多夫·查尼将公司的经营形式从批发扩展到零售,开设的200多家门店遍及全球。

多夫·查尼所采用的广告策略引人注目，因此也饱受争议。AA美国服饰广告上的模特穿着暴露，往往令人吃惊，整个效果看起来更像是《花花公子》杂志的插页，而不是传统的时尚广告，但公司的销售额却因此而持续攀升。

但是，大众对于该品牌低俗广告的关注逐渐超过了其产品本身。人们在日常交谈中提到这个品牌时，首先会谈到的是其暴露的广告形象，而并非该品牌服饰本身的质量和受人欢迎的款式。

在接受美国公共媒体电台采访时，多夫·查尼坦言："我最大的敌人就是我自己。我是说，我已经把自己给困住了。显而易见，把我困在牢笼里也没关系。我是我自己最大的'敌人'。可你能有什么办法呢？我生来就是个怪异的人。"正是这种"怪异"，逐渐成为公司运营的一大不利因素，也给多夫·查尼带来了不善的传言和行为不检的诉讼。逐渐地，AA美国服饰不再引领市场潮流，甚至完全失去了在市场上的瞩目地位。

AA美国服饰的形象最初被视为冒险的象征，现如今已被人们忽视淡忘。该品牌较高的成衣价格无法与商业街上零售的实惠服装竞争；对低腰长裤坚定的审美也未能给公司吸引来新的客户。

2014年，AA美国服饰迎来了剧变。董事会将多夫·查尼逐

经典优势

出了他一手创建的公司，借此希望能向普通服饰路线回归，从而帮助公司重塑形象。但一切都已为时太晚，重塑工作收效甚微。2015年10月，AA美国服饰公司申请破产。

曾几何时，AA美国服饰这一品牌似乎所向披靡，然而好景不长，最终还是以相当戏剧化的惨淡结局收场。

AA美国服饰失败的原因究竟何在

像许多成长迅速的品牌一样，AA美国服饰的发展依赖于市场风向及广告营销。常言道："产品不够好，花钱打广告。"然而，倘若你的产品无法从众多时装厂商新一轮的降价促销中脱颖而出，再多的广告也救不了你。

正如我们所看到的那样，AA美国服饰未能更新产品线，未能及时维护品牌与忠实客户的关系。正如时尚网站Racked所评价的："AA美国服饰尽力促销的是一种不再新鲜、平淡无奇的审美。"

简而言之，该公司忽视了对品牌瞩目力（Noticing Power）的提升，没有保持自身的独特性，也未能巩固品牌的持续力

（Staying Power），未能延续产品与客户之间的关联（relevance），因而，无法建立起任何长久的经典优势（Iconic Advantage）。

AA美国服饰昙花一现，未能成为一个经典品牌。诸如此类，陷入同等困境的企业比比皆是。AA美国服饰的新掌门人能否让这家公司东山再起，我们姑且拭目以待。

****

如果一定要列出60年代"摇摆伦敦"的象征经典，那么Mini Cooper或许能在榜单上名列前茅。这款车似乎真正抓住了时代精神。它与马路上的其他任何车都不一样。它外观奇特酷炫，令人耳目一新，风靡一时自然不足为奇。

然而，经过了新潮的70年代、电子工业的80年代和叛逆的90年代，这款汽车似乎渐渐无路可走了。

当年，Mini Cooper的经典产品拥有神奇的影响力，品牌发展的机遇触手可及，却未能得到充分利用。多年来，该品牌从未真正地为品牌持续力做过有效投资，也未能保住品牌的行业地位和象征意义。直到20世纪末，随着最后一辆旧款Mini Cooper下线——它的外观和第一辆Mini几乎一模一样，这款传

经典优势

奇汽车的总产量就此定格在 500 多万辆。

然而故事并没有就此结束。德国宝马汽车公司准备将这个 20 世纪的经典象征打造成 21 世纪的经典象征。

宝马公司预见到 Mini 车有机会在现代市场上重整旗鼓，于是收购了这个经典品牌，并与其旗下设计团队 Designworks 合作，着手探究并确定究竟是哪些因素让该品牌如此经典。该设计团队的做法不同寻常，也因此恰好与品牌的特性完美契合。

该设计团队创造出了一个"人体原型"，集孩童的活泼可爱、男性的健硕肩膀和女性的柔美曲线于一体，为这款汽车的三维设计增添了情感和人性化的元素。

团队确定了若干经典标志，椭圆形的大灯、六角形的散热器格栅和椭圆形的门把手，并添加铬合金边线，进一步突出了这些元素，进而赋予老款 Mini 吸引力的独特元素更加引人瞩目。

在探究产品经典的准备工作完成后，宝马开始设计 Mini 升级版，在保留经典个性的同时进行升级换代，以满足现代驾驶员更高的期望。这样的设计更多地考虑了与用户的关联，为这款车的持续力奠定了基础。

Mini 汽车因此迎来了属于自己的第二个春天。

宝马公司继续提升该车型的品牌扩展力（Scaling Power），提高产品的识别度,从而为这一改造项目填上最后一块拼图。它将产品线从单一型号扩展到五门旅行车、敞篷车和其他几款型号,并采用了自主研发的经典品牌语言,在此基础上激发了一系列Mini衍生产品的制造,其中包括手表、行李箱和运动服等。最后,运用广告和促销宣传为Mini产品最大限度地吸引受众。

这绝对是不可多得的经典品牌设计。

本书将揭示全球各大品牌如何使用上述方法运营发展,以及如何应用这种思维给企业带来创收盈利、如何成就品牌经典优势。

许多老牌公司目前都进入了自身并不熟悉的领域,希望扩展影响力和商业版图。商业世界一直在变化和发展,但当今世界变化的步伐之快,已然超过了大多数企业发展变化的最快速度。它们竭尽全力地追赶,反而陷入了困境。在许多行业,市场变化的速度超过了企业自身的赶超速度,企业在堵住漏洞上耗费的精力远比在规划路线上投入的精力更多。

整个市场正被推向商品化。消费者需求的是更便宜、更便捷的产品。"快时尚"现象已经把商业街变成了贩卖数量而非交付质量的地方。一切都与低利润率和高入市速度息息相关,这也让企业在面对市场波动时得不到有效的缓冲。

商品化带来的另一个副作用是用户忠诚度降低。人们根据口袋里的现金能买到多少东西来做决定时，更倾向于货比三家。他们往往会穿过马路，把钱交给你的竞争对手。为了解决这一问题，许多零售商都会把资金投到社交媒体上，希望通过与消费者建立联系来提高用户忠诚度和成交销售额。这种做法能否有效尚无定论。

时过境迁，传统营销手段已经不再是品牌建设的解决方案。近年来，大多数形式的广告效果不容乐观。与此同时，媒体广告呈爆炸式增长，营销信息如洪水般袭来，消费者唯一的应对措施就是对之不予理睬，这也使品牌与用户的沟通比以往任何时候都要更加困难。

许多企业仍在为实现自己的 5 年、10 年甚至 20 年计划而苦恼挣扎，尽管所处的环境与最初制订计划时相比已经发生了诸多变化。在过去的 10 年中，我们看到了社交媒体的崛起，云服务的发展，以及视频内容的爆炸式增长。没有人能预测虚拟现实、认知计算和自动驾驶在未来几年会产生哪些影响，也无法预料还会有什么令人意想不到的技术即将问世。

因此，企业发现自己是在适应环境，而不是在创造环境。

它们失去了主动权,失去了远见,最终失去了利润。

然而,常规情况也总有例外。笔者研究了数十家企业,这些企业似乎克服了同行认为无法克服的难题。市场的反复无常和技术的迅速更迭对这些企业的影响似乎不大。它们持续建立客户忠诚度,同时不断开拓新市场,年复一年,不断发展壮大。

这些企业成功的秘诀是什么?其他企业又该如何效仿?

本书的意义就在于此。我们将谈论这种商业模式和战略,正是通过这种模式和战略的应用,使这些企业得以创造出持久的差异性,并与客户建立更深层次的联系。本书将揭示现有产品和服务所蕴含的价值,我们称之为经典优势战略,希望向读者展示如何利用这种优势来改变企业的现状。

何为经典优势

经典优势是一种战略,这种战略专注于建立长久的品牌差异和品牌关联性。经典优势能使企业从行业竞争中脱颖而出,与用户建立起更强、更稳固的情感联系。这一战略适用于整个企业的运行,帮助企业找准方向,持续关注那些使企业得以发

经典优势

展的真正要素。

经典优势战略提升了以下三项关键品质,它们使产品和服务成为不可替代的标志。

▶ **独特性**

经典产品因其特色和独树一帜的特质而闻名。独特性使产品脱颖而出。

▶ **关联性**

经典产品不只是为了不同而不同,其独特性与用户紧密关联,具有现实意义。关联性使产品不易被市场淘汰。

▶ **辨识度**

经典产品因其独特的关联性而广为人知,这种独特的关联性也使它们成为所属市场类别、市场细分或利基(利基是指针对企业的优势细分出来的市场)的旗手。

> 经典很重要。和文化象征一样,我们所谈论的是那些饱含意义和关联性,与用户有情感联系的属性。

第1章 打造经典品牌，明确品牌核心价值

这些属性已经成为其产品市场类别、利基、细分或风向的旗手。在这方面，我们可以从苹果公司身上学到很多，也可以从艺术家安迪·沃霍尔（Andy Warhol）、超级男孩（Nsync）身上学到很多。正是这种更强大的人际联系帮助我们在市场上创造出真正的、可持续发展利用的商业优势。它能产生真正的用户忠诚度，并带来销量，从而降低成本，提高产品利润率。

这并不是什么新鲜事。多年来，世界上有许多成功企业一直受益于这项战略。在本书中，将具体介绍这些企业是如何做到这点的。

本书将分享耐克、迪士尼、亚马逊和 In-N-Out 汉堡等众多知名品牌的成功经验，从中，你将看到这些品牌是如何找准定位，拉开与竞争对手的差距的，也将知晓他们是如何创建和利用一系列方式来维护核心优势，并以此为坚实基础逐渐扩大业务规模的。

经典优势的形成并非偶然，而是企业主动实施的战略决策。从本书中你将看到，任何企业都会从中获益，无论是财富500强还是依靠风投资金的初创企业，无论是产品类企业还是服务型企业都是如此。

最重要的是，许多企业都已万事俱备。或许它们的产品已

经典优势

经拥有客户、分销渠道和零售网点；或许它们的服务已经占据市场，拥有现存的用户基础。经典优势可以帮助它们释放延伸价值，从而提高利润，实现收益持续增长。

你可以在这些原则的指导下重新创建更有可能成功的经典属性。

值得注意的是，经典优势并非能立竿见影，而需日积月累的"渐进效应"。毕竟，吉米·亨德里克斯（Jimi Hendrix）不是第一次拿起吉他就成了吉他称号。成功是需要时间和努力的。本书要讲的就是如何帮品牌走上正确的道路，把握最佳的成功机遇。

经典优势的综合成因

经典优势并非简单的品牌化设计。虽然这些因素在促成经典优势方面发挥了重要作用，但经典优势是比美学层次更深的战略。

同样，它也并非广告或营销策略。营销手段在与用户的沟通中确实起到了一定作用，但经典优势是将人们的购买欲望自然发酵到产品或服务中，而不是指望用一堆海报和宣传广告来让受众心甘情愿买单。

经典优势并非研发。它包含了研发的因素，但更注重让受众受益。它把受众放在产品之前，把情感收益置于理性特征之上。

经典优势战略并非仅是单一部门采用的战略，它涉及企业的方方面面。它影响营销、品牌、设计、财务、并购、研发、销售、创新和企业结构等多个环节，每一项规程都需要配合经典优势的构思与设计，使这项战略得到有效实施。这并非偶然可得，而需慎重决策。上到企业管理层，下至公司实习生，整个企业都需要全力投入。

将战略简单化

千万别被"战略"这个词吓跑。近年来，战略被过度复杂化，被视为天才的专利，而那些天才具有超能力，能够发现普通人看不到的机遇。其实，战略远比大多数人们想象的要简单得多。

战略只不过是指导一系列决策的原则。罗杰·马丁（Roger Martin）和阿兰·乔治·雷富礼（Alan G. Lafley）在《宝洁制胜战略》（*Playing To Win*）一书中描述了有效战略的清晰框架。该

经典优势

框架遵循的一系列方法、步骤可以帮助人们实现商业上的宏图大志。图 1 所示为经典优势战略的实施步骤。

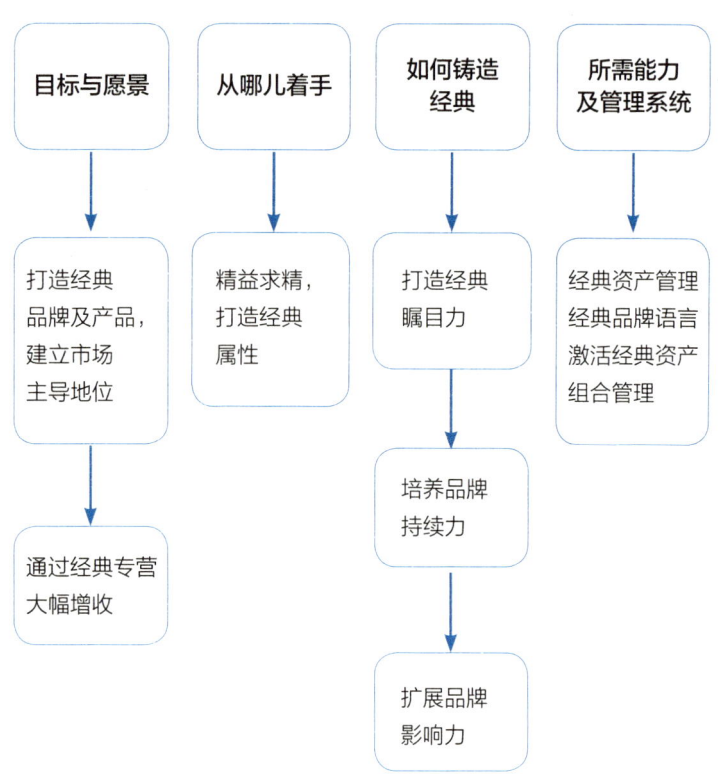

图 1　经典优势战略的实施步骤

第1章 打造经典品牌，明确品牌核心价值

目标与愿景

经典品牌的特许经营往往比普通品牌的特许经营更易获益，在面对市场波动时，也具有更强的韧性。但经典属性无法一夜铸成。经典优势是一种复合效应，需要经过一段时间的积累沉淀和不懈努力才会见效。时间越久，积淀越深效应越强。因此，若要成为行业经典，就要从最初做出选择。经典优势战略针对的就是那些想成为市场旗手，进而建立市场领导地位的企业。

从哪儿着手

一方面，要将精力用在对的地方。不要盲目地追逐闪亮、新奇的事物，而要着眼于对已有事物进行创新，着眼于你现有的优势。经典优势需要你全力培养经典属性；另一方面，也意味着你需要降低对低潜力属性的关注，甚至彻底放弃他们。这样，你才能心无旁骛地去培养那些真正可能成功的属性。你需要把精力和资源都用在刀刃上。

这一观点在后文中会有阐述,在此,用一句史蒂夫·乔布斯(Steve Jobs)给耐克 CEO 马克·帕克(Mark Parker)的建议加以概述。

> 耐克制造出了全世界最好的一些产品,一些你梦寐以求的产品。但是同时,也制造出了很多糟粕。只要抛弃那些糟粕,专注于精华就好了。

如何铸造经典

要想铸造经典,就需要在竞争中崭露头角。此乃经典优势的灵魂。企业的目标是强力打造经典产品的三个品质:独特性、关联性和广泛的产品认知度。本书将逐一进行分析,并将详细解释该如何处理,从而帮助你创造出独特的经典产品,与竞争对手拉开差距,与用户建立起更深层次的情感联系,开辟更多的商业增长机会。具体铸造经典的方式有以下 3 点。

第1章 打造经典品牌，明确品牌核心价值

1. 打造经典瞩目力

一成不变绝无脱颖而出的可能。然而，大多数市场最终都充斥着特征相似的仿制品。你的产品需要具有独特性，需要脱颖而出。最优秀的经典产品总是与货架上的其他产品迥然不同。这种不同在于产品的吸引力和内涵，而不只是为了不同而不同。一旦你脱颖而出，受到了人们的关注，机会就会随之而来，让消费者更多地注意到你的广告、营销、合作和其他活动。本书将在后文中讲述如何做到这一点。

2. 培养品牌持续力

无法与用户产生深层关联的品牌成就不了经典，无关联则无以为继，这点从优秀的经典品牌身上均可得到验证。品牌持续力可以是品牌的传承，可以是与市场上其他品牌截然不同的特色，也可以是为企业带来长足效益的突破性科技。品牌持续力带来的是品牌与用户之间更深层次的联系，而这种深层的联系单靠美观是无法实现的。

3. 扩展品牌影响力

一旦掌握了前两项原则,你就要尽可能让经典属性更多地呈现出来,获得广泛的认知。要做到这点,可以从一种定义明确的经典品牌语言开始,将此奉为圭臬,在拓展经典属性时以此指导你的每一项决策。你可以在经典品牌语言的指导下,将专营权扩展到新的细分市场和渠道,而后通过营销手段和促销方案进一步提高品牌知名度。

通过上述 3 种方式,可以打造出品牌的独特性、关联性和认知度,它们构成了经典优势的战略核心。

所需能力及管理系统

如你所知,经典优势战略关系每一项业务领域,因此,若要取得成功,所需求的能力自然涉及广泛的领域。领导者要有责任感、广泛资源和必要手段来实施这项战略。如果无人担责,目标模糊,交付不出成果,战略成功与否也就无从谈起。

老菜谱做不出新菜式。同样,要想创造经典优势,就要优化不同的流程和结构。本书后文中将阐述经典优势战略所需具备的能力及其管理系统。

始于理论，高于理论

经典优势不是单纯的学术理论，而是实用战略，各行各业都能运用这一战略创造长期的可持续利润增长。

本书的大部分理念来自作者的切身经验，总结了两位作者在此问题上的归纳和提炼。

20多年来，笔者一直致力于战略、创新、设计和品牌推广，在服务于家喻户晓品牌的同时也创办了自己的企业。在整个职业生涯中，笔者一直不忘探究是什么让一些企业比其他企业更成功，更能产生意义非凡、经久不息的影响。因此，笔者进行了一项针对50多家企业的研究，期望揭示为何一些品牌不仅经得起时间的考验，还成就了行业经典。促成本书问世的，正是这项研究的发现，以及由此引发的一些思考。

作为本书的另一位笔者和案例撰稿人，戴夫·博斯总结了一些寓意深长的事例和研究结果，以此来阐述关于经典优势的一些思考。书中还融入了他长达 20 年的、来自各种营销方法的广告营销经验,以及他全身心投入科学研究的精神和适度的"苏格兰式执着"。

经过共同努力,通过本书将经典优势应用到现实中去。毕竟,最能检验理论的是现实生活中的实践。

从世界上最成功的一些企业所采用的策略中,可以提炼出获得经典优势的方法。不仅仅是耐克、宝马、In-N-Out 汉堡、迪士尼等品牌,就连一些民间团体都曾从这种方法中获益。在本书中,你会了解到它们是如何利用经典优势战略凌驾于市场之上,年复一年地发展壮大的。

本书不仅解释了什么是经典优势,还阐述了如何利用经典优势改变自己的企业。书中不仅提供了一些实用的框架和方法,还有一些可供利用的进度表,帮助读者把控思维方向。本书侧重实操落地,而非纸上谈兵。

下面将为你阐释选择经典优势的诸多原因以及有关经典优势的一些典型的优质商业案例。

第 2 章
经典优势的组织构成

品牌并不是徽标、色调、排版、图形资产、使命宣言、理念主张和声音效果等的简单总和。相反,每个品牌都是活在用户脑海中的。每个人都有自己的切身经历和所见所闻,因此,对品牌的理解也就有所不同。

经典优势

2015 年，我国的网约车市场风云变幻，竞争激烈。整个市场由总部位于北京的滴滴集团主导，大洋彼岸的硅谷宠儿优步（Uber Technologies，Inc.，简称 Uber）也在快速成长。市场竞争是如此激烈，以至于一半以上的新用户都享受到了免费试乘。在这样激烈、残酷的市场竞争环境中，大多数企业都看不到入市的机会。

但是，新秀企业神州优车（Ucar）与大多数企业不同。该公司的负责人陆正耀敢作敢为，素以打造经典的汽车帝国而闻名。他知道，他的公司若想取得成功就必须要给客户提供一些与众不同的服务。因此，神州优车与国际化创新设计咨询公司 Continuum 合作，旨在更深入地挖掘市场，找出未能得到满足的用户需求。

Continuum团队花了一些时间与非典型乘客相处,试图梳理出当前服务中存在的不足及需改进之处。在这个过程中,该团队发现,人们日益担心网约车的可靠性和乘客的安全性。市场的快速扩展意味着大公司很难监管司机和汽车的质量。同样的应用程序,今天可以叫到一辆熠熠生辉的黑色豪华轿车,司机西装革履;第二天可能就会叫到一辆破旧肮脏的皮卡,司机穿着人字拖,衣冠不整。如果神州优车能够解决这一难题,就将在需求不断增长的中国市场上拥有独特的优势。

神州优车还有一个可以利用的强项。神州优车的汽车租赁业务非常成熟,这意味着它已经拥有了一支车队和维护车辆、让车队处于最佳状态的团队。神州优车希望在现有设施的基础上进行创新,建立起新的业务。于是,凭借自身的洞察力和资源,神州优车开发出了独具特色的招牌服务,形成了重要的独特性。

神州优车一贯提供干净、舒适、高质量的用车服务,并为乘客提供免费Wi-Fi、充电器和饮用水。在接待乘客时,司机们着装整洁,打着领带,穿着制服,戴着白手套,给人一种高品质的乘车享受。他们以特定的方式迎接乘客,像豪华轿车专职司机一样为乘客开门,这种服务超乎寻常。

经典优势

神州优车还把安全和可靠作为主打招牌，采用全薪制聘请司机，并进行全天候服务监管，以确保司机遵守车速交规，为顾客提供安全、可靠、舒适的乘车体验。此外，由企业负责发放工资意味着司机们可以专注于顾客的乘车体验，而不是为了增加收入在18小时的营运时段内最大限度地提高出车次数。

神州优车因恪守信誉、坚持安全和信任原则，从而获得了重要的瞩目和长效的持续力。它选择面向细分的市场提供优质的服务体验，在较少的出车次数里赚取更多的受益。

针对准妈妈这一特殊的细分人群，神州优车提供了细致周到的服务。如果一位孕妇叫了一辆优车，她将乘坐到公司最高级别品质的用车，司机至少有三年以上的工作经验，还懂得与怀孕相关的一些基本医疗知识。最重要的是，这些车的内部额外安装了空气净化器，车内保持22摄氏度恒温，行驶速度每小时不超过60千米。司机们甚至还会为这些准妈妈肚子里的小乘客播放幼儿音乐。

神州优车和Continuum团队的初衷就是打造一个经典品牌。它们做得非常出色，从一开始就建立起了强大的品牌瞩目力和持续力，进而成功成为中国网约车市场安全可靠的标杆品牌。

而神州优车也得到了十分丰厚的回报。在过去的两年里，神州优车所服务的城市数量翻了一番,司机人数翻了两番,每次乘车的平均收费也提高了50%。最重要的是,与竞争对手相比,神州优车软件在用户满意度和应用软件保留率方面始终保持着最高评分。

神州优车在招揽用户方面的表现如此出色,在所属行业里很少有企业能与之比肩。

如果你需要更多可以证明经典优势力量的例子,就继续读下去吧。本书将从金融、组织、理论、心理学和社会学的角度进行分析,阐述经典优势战略可以带来的益处和影响。此外,还将解析是什么因素能让品牌成功获得经典优势。

正如我们在前文中所概述的,经典优势战略的力量在于与用户建立更紧密的联系。因此,首先我们可以探究人们对品牌的反应,看看经典优势如何加强与用户之间的纽带关系。

品牌资产的组织构成

首先,我们来界定一下什么是"品牌资产"。

实际上,大多数企业没有自己的品牌,这与它们对自身的认识恰恰相反。品牌并不是徽标、色调、排版、图形资产、使命宣言、理念主张和声音效果等的简单总和。相反，每个品牌都是活在用户脑海中的。每个人都有自己的切身经历和所见所闻，因此，对品牌的理解也就有所不同。

例如，米尔顿·格拉泽（Milton Glaser）所设计的著名的"I♥NY"经典，就是一项代表纽约市的视觉元素，但人们对纽约的看法完全取决于他们自身的感受。有些人迫不及待地想要逃离繁华城市中心的紧张生活，与他们相比，周末在帝国大厦顶层接受浪漫求婚的人对纽约显然有截然不同的感受。人们对城市的看法会受到城市各个方面的影响，但是政府部门无法控制众人对这座城市的看法。"纽约是个怎样的城市"这种想法只会存在于个人的头脑中。而当人们向别人讲述自己与这座城市的故事时，他们也会影响听者对这座城市的看法。

> 品牌，是一项综合概念，是个人对一家企业及其产品和服务的体验与观念的总和。

"资产"，则是一切对品牌有价值的事物。

第 2 章 经典优势的组织构成

因此,在谈及品牌资产时,我们所谈论的其实是对该品牌的共同体验、个人观念、财富与故事,还有这些品牌价值给你带来了什么积极或消极的影响。影响这些体验的因素有以下 5 点。

▶ **独特性**

经典品牌自身总是具有区别于竞争对手的因素。这些经典因素能帮助它们在商品化市场中独占鳌头,赢取消费者更高的关注。

▶ **熟悉感**

用户知道你的品牌代表什么。他们对品牌越熟悉,就越能交付信任。经典品牌知名度高,总能赢得用户超乎寻常的高度信任。

▶ **关联性**

要与用户建立联系,品牌就要与用户的需求及观念有所关联。经典品牌在这方面走得越远,它们就越能成为用户自我定位的依据。

经典优势

▶ **品质**

品牌产品要有稳定的质量。要让人们清楚使用这种产品会给他们带来什么体验，但这并不意味着产品的质量必须顶尖。比克（BIC）和万宝龙（Montblanc International）都是十分经典的钢笔品牌，然而两者的差异犹如天平的两端。万宝龙钢笔因其高端细腻的书写品质而售价高昂，定价高出比克笔数百倍。而大批量生产的比克笔质量稳定，销量是万宝龙钢笔销量的数千倍。

▶ **热度**

经典品牌总是拥有一大批热情的追随者。这些人往往决定舆论导向，他们能影响一大批人。在一个"圈子"里，购买某个品牌的人越多，口碑越好，传播效应越强，这个品牌就会变得越热门。高口碑会带来高销量，品牌的意义也就超越了其产品功能带来的效益。

这些因素共同构成了一种品牌资产指数，可以用来衡量品牌实力。在第 3 章中，笔者将阐述独特性对创造品牌瞩目力的重要意义。在第 4 章中，笔者将概述建立熟悉感、关联度以及品牌价值所需的最佳实践，以此增加产品的持续力。此外，笔者还将阐释如何在用户群体中扩大经典产品的热度。

经典优势鼓励企业专注于自身的品牌维度，这就是经典优势的力量所在。按照我们的界定，经典属性能引起用户共鸣，使品牌与用户之间的关系纽带更为牢固，因为经典属性已经成为某类功能或优点的标准。经典优势是一项战略能力，可以帮助企业更好地获得经典属性。因此，经典优势是最强大的品牌推广形式，它甚至超越市场营销部门的功能，影响至整个企业。

品牌化的不同层次

大多数业界人士对品牌化的误解颇深，因此，很多企业并没有从中获得多少收益。这些企业将自己限制在最基本的视觉、触觉、听觉识别形式上，错失了品牌化的良机，从而无法与用户建立联系，带动销售增长并使自身免受市场波动的影响。

经典品牌的塑造超越了用户的所见、所感与所想，触及更

经典优势

深层次的自我认知。这类品牌产品也随之成为用户进行自我定义的一种标准。

> 经典品牌的塑造超越了用户的所见、所想与所感,触及更深层次的自我认知。

品牌与用户的关联越紧密,品牌关联性的力量就越强。在不同层次的品牌有不同的表现,图2所示为用户与品牌关联度的关系表现。

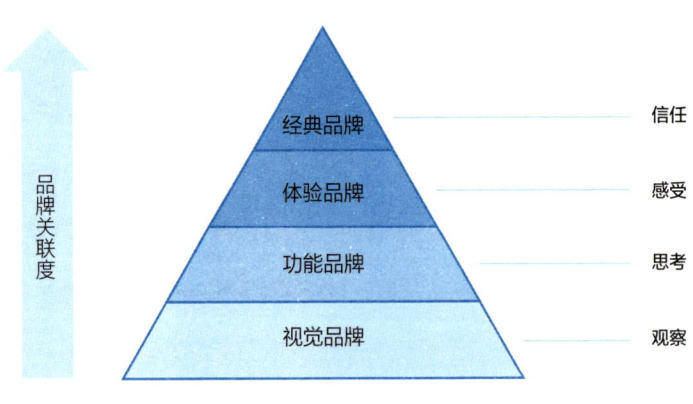

图2 用户与品牌关联度的关系表现

▶ 第一层：视觉品牌 (Visual branding)

大多数品牌都有某种形式的企业形象指南，其中列出了品牌经典（LOGO）的不同变体，并概述了每种经典的使用规则，规定了色调、字体、图像样式以及其他视觉元素的使用。这一层次的内容都与规范限制有关。世界顶级品牌的视觉效果通常具有一贯性，因此，人们希望只要在这方面加以效仿，就能打开成功的大门。

▶ 第二层：功能品牌 (Functional branding)

这意味着品牌需要超越辨识层面，得到人们的理解。你要让人们知道你做的是什么产品，产品对他们有多么适用。在理想的状态下，你可以先从产品设计做起。倘若设计能让产品的独到之处一目了然，那么这个阶段就会简单很多。然而设计并非万能，因此，许多品牌会利用广告以及其他信息传播渠道，让人们知道为什么有必要购买其产品。

▶ 第三层：体验品牌 (Experiential branding)

越来越多的强势品牌从信息层面跨入情感层面。要想达到这一层面，品牌需要与用户在情感上产生共鸣，同时你也要明白"行动胜于言语"这个道理。不能见利忘义，大众的眼睛是雪亮的；你的做法应该贯彻整个企业的价值观。体验，而非只是公关噱头，或是高调的赞助交易；最重要的体验，是研究产品、购买产品、拆开产品包装、使用产品和体验服务。至关重要的一点在于，用户与产品互动的全部过程，都属于用户体验。

▶ 第四层：经典品牌 (Iconic branding)

这一层次是品牌化的终极形态，很少有品牌能达到这个高度。在这个层面上，品牌超越了与用户的表层联系，深入挖掘出用户的意愿和信念，成为用户用以界定自我的经典。耐克、苹果、保时捷、哈雷和戴森等品牌都达到了这个层次，而这并非出于偶然。要想打造经典品牌，需要长期积累、认真谨慎、深思熟虑。

经典差异化

纵观人类历史，经典一直在社会中扮演着重要的角色。从文化、民俗产生伊始，经典就不可或缺，与人们一路相伴。经典视觉元素成了渴望、信仰和传奇故事的缩影，最终投射成象征符号与神话故事，在人们的生活中扮演着重要的角色。很多人认为这些东西颇为古旧，但人类对经典的需求并没有因此减少，我们的媒体渠道反而见证了经典的迅速延伸和发展。

这是因为，经典已经成为宏伟概念与传奇的缩影。如果让你解释某些符号代表什么，你很难用一句话概括清楚，一些研究学者则可以就此写出一本又一本的书。一切都寓于这个象征符号中，一切的信息、情感和概念。

> 在当今时代，媒体渠道不断增加，我们受到越来越多的信息轰炸，而经典的象征符号随之变得更有价值。

经典优势

于是，经典继续在全人类心中扮演着至关重要的角色，虽然大多数经典已经世俗化，成为一些企业集团的象征。

一些品牌非常成功，是所在行业优秀品质的代表，这些品牌的名字随之发展成为所属类别的同义词。英文中的复印（xerox）一词来自施乐牌复印机（Xerox），用真空吸尘器清扫（hoover）来自胡佛牌真空吸尘器（Hoover），搜索引擎谷歌（Google）变成了网络搜索的同义词。一些品牌例如，Jell-O果冻、高乐士（Clorox）、漂白剂和Q-Tips棉签也都成了所属品类的产品通称。这种情况当然不会发生在所有经典品牌身上，但这足够充分表明，品牌产品可以成为行业的标杆。

从最基本的层面来说，经典品牌为企业决策开辟了一条道路。在大多数品类中，消费者面对的是令人眼花缭乱的海量产品，产品的质量都在伯仲之间。完全在理性事实的基础上做选择，的确并非易事，也难怪人们的大多数决定都是基于本能和习惯。于是，凭借比其他品牌更深厚的情感关系，经典品牌在拥挤的市场中自然而然地成了人们最终的选择。

不必为此感到奇怪，你可以了解一下大脑对图像的处理方式。我们视觉处理的一部分过程是由杏仁核控制。杏仁核是大脑颞叶深处的一对杏仁状结构，与记忆和情感相关，并提供对视觉刺激的情绪反应。从本质上来说，我们的所见和所感都是连接在一起的。

另一方面，人们对经典似乎有强烈的心理需求。正如亚伯拉罕·马斯洛（Abraham H. Maslow）在他的需求层次理论中所述，一旦人们对生理基础、安全、归属感和尊重的渴望得到满足，他们的目标就会指向自我实现，他们就会渴望成为最好的自己。经典品牌则起到催化的作用，它可以帮助人们达到这一理想境界。

经典就像神奇的护身符，可以改变人们。实际上，仅仅通过使用产品，经典就会把人们带入不同的状态。试想一下，用比克钢笔签文件，与用万宝龙笔签文件有什么不同的感觉？由高端本田轿车接送与劳斯莱斯专车接送呢？每种选择之间的功能差异其实都微不足道，但体验感的差异却无可比拟。

经典也会给人们带来对群体的归属感。人们与购买同一品牌的其他人会有一种莫名的亲近感。苹果笔记本的用户会觉得自己属于创意社区；穿Jimmy Choo（由订制鞋履巧匠周仰杰所创建的同名时尚品牌）鞋子的人会认为自己是时尚精英；开哈雷摩托车的骑手会觉得自己是公路勇士部落中的一员。

经典优势

> 归属感是人类的一种重要需求,经典品牌则毫无疑问地满足了这一需求;它们让其忠实用户体会到自己与更多有同样眼光的人紧密相连。

无可争辩的数据

关于支持经典优势的心理和情感原因,我们已经讨论了很多。但这既然属于商业领域,你肯定想看到一些切实的数据。幸运的是,有大量证据表明,经典优势会为品牌带来更高的用户忠诚度、更多的用户需求和更有力的实践证明。

作为全球最大的广告代理集团之一,WPP集团所做的一项研究表明,人们更容易记住经典品牌,而不是其他普通品牌。该公司的研究显示,人们在谈及某类商品时,在60%以上的情况下会首先想到经典品牌。这是因为,经典品牌与用户有更紧密的联系,而且这种联系既来自情感,也来自理智。

许多营销人员认为,这种联系是频繁向人们投放营销信息的结果，但事实似乎并非如此。CEB公司（商业调研与分析公司）曾对7000名消费者做过调查，调查结果显示，在所有声称与某个品牌有关联的人当中，有64%的人表示"共同的价值观"是主要的关联，这也是经典优势最根本的基础。

CEB公司的研究继续调查了是什么因素让消费者决定购买该产品。研究结果发现，让购买决定变得轻松，就是消费者选择一个品牌的原因。这就是建立经典优势带来的重要成果之一。如果产品能赢得用户的信赖，也就能成为用户购买时的直接选择。

这种更深层次的联系和逐渐提高的知名度带来的不仅是销量，还有更高的利润。经验告诉我们，与非经典产品相比，经典产品的专营权会带来更高的利润份额。

在调查研究中，笔者查阅了20多个充分发挥其经典潜力的品牌。这些品牌的经典产品所带来的利润是其他产品的三倍，销量是其他产品的两倍。这大大增加了它们对企业的价值。然而，这些品牌并没有充分发挥产品的经典潜力，它们对经典产品的投入与产品自身的价值不成比例。这些公司认为自己的成功是理所当然的。如果它们能投入更多的精力与预算来发展经典产品的特许经营，就将获取更大的市场份额，联结更多的用户，开发出更多的延伸产品，并得以开展其他更多的活动，从而带来更大的利润收入。

经典优势

更高的销量与更低的成本

自20世纪80年代以来，企业一直以迈克尔·波特(Michael E.Porter)的一般竞争战略作为业务指导。这项战略植根于这样一种思想：或者专注于差异化，或者专注于成本优势，或者制造出一种独一无二的理想产品，或者推出售价最低的产品，没有中间选项。然而，从经典优势战略的角度来说，两种选项并不互斥，实际上也不应互相排斥。

通过为企业打造醒目的招牌元素，经典优势战略可以扩大差异化，而差异化的扩大又会催生更高的用户忠诚度和用户需求，这些会自然而然地转化为更高的价格及销量。

随着现有产品的不断创新升级，产品差异化的不断扩大，这种转化情况也会逐渐发展。对产品的定期更新会刺激现有用户对该产品的二次购买。用户记住了你的产品，你就能相应地减少在营销和推广上的花费。

与此同时，成为市场"风向标"所带来的销量增长也会相应降低成本，使你能够获得行业中较高的毛利润。这些利润又可以用来再投资，开发出更大的经典优势。这是一种良性循环。

对现有产品进行更新可以充分利用现有的员工、结构、流程、生产设施、分销渠道、零售网点和客户基础，而这是"突破式"创新永远无法做到的。这是对资源和能源的明智利用，会带来更高的毛利率，以及更高的成功机遇。这也是更易于操作的做法，而且更容易见效。

迈克尔·波特的"互斥策略"已经过时。你不必在差异化或成本优势之间做抉择，因为鱼和熊掌其实可以兼得。

经典优势战略既灵活又有效益。正因为如此，我们最中意的品牌总是专注于打造自己的经典产品并持续更新。

一款经典产品的诞生源于慎重的商业决策，而非偶然的幸运突破。令人诧异的是，极少有企业会以经典优势来开辟成功之路。

经典优势组建框架

经典优势的搭建过程并不复杂，只是需要花费一些功夫。在接下来的内容中，将深入详细地探讨以下三个特性。图3所示为经典优势的三个构成特性。

经典优势

图3 经典优势的三个构成特性

第 3 章
创建品牌瞩目力

我们生活在单调乏味的同质化时代。市场上大多数的竞品都有趋同的倾向——谁都差不多,谁都无法胜出。如果你的产品具有优秀特质,与众不同,你就必须确保你的产品能进入更多人的视线,你需要让它影响所有的人。

经典优势

没有多少公司能成功打造出经得起时间检验的产品。耐克公司（Nike）所处的领域是世界上最时尚的一种行业，其经典产品 Air Max 系列运动鞋竟然能在市场上驰骋 30 多年，着实令人震撼。

20 世纪 70 年代，美国国家航空航天局（National Aeronautics and Space Administration，简称 NASA）前工程师弗兰克·鲁迪首次提出有关气垫鞋底技术的想法。这项技术是一项真正的"太空时代产物"。这种吹塑橡胶成型的技术最初是为了制造阿波罗宇航员所使用的太空头盔而创造。鲁迪看到了这项技术的应用潜力，认为可以运用这项技术制作鞋底带气垫的运动鞋。他的想法是，与标准的运动鞋鞋底相比，气垫可以给鞋子带来更好的缓震效果，使鞋子的使用寿命更长。传统的泡沫底运动鞋在使用寿命内会失去大约 40% 的缓冲能力，而封在气垫内的空气却永远不会失去弹性。

各家运动鞋厂商都拒绝了他，他们认为这项技术太过昂贵，且未经验证。但当他找上耐克时，耐克立刻看到了它的潜力。

耐克首次运用这项技术，是将气垫嵌进了顺风系列跑鞋的鞋底结构，跑鞋在外观上没有很大的区别。人们了解这项技术的唯一途径就是市场营销，因此，这项技术最初看起来更像是个噱头。图 4 所示为耐克 Air Max1 与 Air 顺风系列对比图。

图 4　耐克 Air Max1 与 Air 顺风系列对比图

耐克在这一技术的基础上继续创新。

1987 年，耐克推出了 Air Max 1，真正的天才之作就此诞生。这款鞋的气垫比之前的款式要大得多，鞋跟两侧各有一个显示

经典优势

气垫的小窗口，这样气垫就变得可见了。不仅如此，气垫带来的缓震效果，用手指戳一戳就能感受到。整双鞋看上去更具未来感，还显得活力十足，一经发布就点燃了大众的讨论热情，引发了热议与轰动。在接下来的10年里，Air Max 1为耐克公司赚到了数十亿美元的收入。

耐克鞋的气垫真正做到了与众不同，成了品牌独有的特色。市场上再没有任何产品能与之相提并论。它嵌在鞋身上，靓丽又醒目，赋予了耐克切实的瞩目。

最重要的是，这项元素的设计从视觉上传达出的优势意味深长，从设计上一目了然地表达出疾行如顺风飞翔的概念。它不仅具有丰富的美感，同时还是产品优点的视觉展示，与用户明确的关联性也极大增强了品牌的持续力与影响力。图5所示为耐克Air Max系列汇聚的经典设计元素。

第 3 章　创建品牌瞩目力

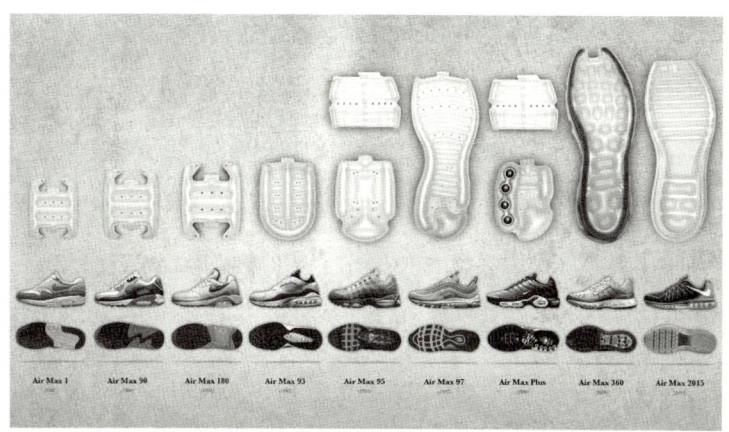

图 5　耐克 Air Max 系列汇聚的经典设计元素

耐克气垫的"大气泡"令人称奇，让人忍不住想去摸一摸，戳一戳，审视一番，观赏一下。相信也会有不少人曾在四下无人时偷偷闻上一闻。要达到这样的设计效果，你需要了解产品为何与众不同，并坚持在与众不同的基础上继续投资，来保持与受众的关联；你需要在旧与新、熟悉与新鲜、传承与演进之间取得恰当的平衡；你需要不断试验，经历失败，总结教训，始终坚持不懈；你需要利用新的工具，重新设计制造流程。这样的投资虽然巨大，但与这种历久弥新的设计所能带来的持续销量相比，实在微不足道。

经典优势

这就是伟大设计的力量，能引起人们的注意，能表现出自身的优点，而且看起来赏心悦目。如果你能做得像耐克一样出色，那么你的利润也会源源不断，年复一年，渐进不衰。

耐克成功地采用了已经拥有的技术，并将之转化为经典产品。这种经典还植入了市场营销的功能，人们会为了 Air Max 运动鞋走进商店，穿上这款鞋的人都会以耐克鞋的经典特征为话题。

与花费数百万美元做广告宣传或名人代言相比，人人赞誉的方式更有效得多。它也赋予了耐克一种特性，耐克多年以来一直在这种特性的基础上更新产品，扩大规模。没有多少商业投资能获得如此丰厚的回报。

大多数制造产业都挤在一列失控的火车上，朝着产品的生产速度更快、更廉价、更商品化的方向前进。不断追求数量，然后将品质推向末位。毕竟，一款夹克衫上市，不出数月就会被另一件新款取代，那又何苦费尽心思去做一件几年穿不坏的夹克呢？

以这种趋势发展前行的企业都专注于下一步。它们只关心新事物。但是成为经典品牌就意味着后退一步，回顾过去，反思现在。这通常也意味着在现有基础上进行改革创新，创造出能超越消费增速的特色。

在这种情况下，公司可以利用已经投入大笔资金的现有资源，打造品牌经典，使之更经久不衰，成为品牌标志，被大众所牢记，更具独特性、关联性和普遍性。这很有商业意义，从一定程度上可以说，经典优势的基础就在于此。

瞩目力究竟是什么

顾名思义，瞩目力是指一个品牌或产品在竞争中受人瞩目的能力。它超越了理性的、实用的设计，让品牌或产品更独特、更出众，也更合人意，还能与消费者建立起情感联系，使产品更深入人心，为企业带来更多销量与利润。

大多数品牌都大大错失了这个机会。他们似乎认为站得稳比站得出众更重要，还误以为平庸从众是成功之路。他们认为，竞争是单一的，只要不出错就可以了。他们错误地相信，经典品牌的成功靠的是天意、是风向，而非人为。

这其实是个好消息。

大多数品牌缺乏远见，因此，拥有远见且与众不同的品牌就可以获得更多取胜的机会。

本章将介绍如何设计出一些元素，从而使品牌在市场上脱颖而出，深入人心。

瞩目力的重要性

我们生活在单调乏味的同质化时代。市场上大多数竞品都有趋同倾向——谁都差不多，谁都无法胜出。

要区分两辆中型轿车通常很难。如果把一辆丰田凯美瑞和一辆雪佛兰马里布的车标遮住，你很难分辨出它们是什么车型。既然二者功能相差无几，价格高低就是做出选择的唯一依据。

金融行业采取了同样乏善可陈的做法。所有银行提供的服务都大同小异，就连不同银行的员工着装都没什么显著差别，彰显不同的方式，最多是提供比同行高出零点几个百分点的优惠利率，或是比同行早几个星期推出智能手表应用软件。这些活动永远不会对银行业务产生任何长期影响。

大多数网站都遵循同样的外观设计，争先模仿亚马逊、苹果或业内其他优秀同行。

与人趋同不会让你脱颖而出。其实，在企业缺乏特色、千篇一律的情况下，与众不同着实容易。

然而与众不同并非只是为了不同而不同。

想让产品引人注目,总要有合理的理由。品牌瞩目力必须基于真实情况,而真实情况来自你对业务的理解和产品的深刻认知。

品牌何以独特

企业及其产品的独特之处表现在不同的方面。令人惊讶的是,能清楚了解这些重要细节的企业寥寥无几。大多数企业任意发展,并不真正了解自身,也不知道自己在他人眼中是什么形象,我们对此并不赞同。

要想更好地认识自我,构建经典品牌金字塔是一种办法。对此,笔者会在后文中加以详述,这里先做一个简明扼要的概括,希望能帮助你发现自身的招牌元素位于何处。

经典品牌金字塔

我们从最基础的层次谈起。

> 你必须明确企业的宗旨和价值观。这是激励员工的信念所在,是他们处理事务的理据,也是企业文化的核心。

图 6 所示为经典品牌金字塔层级。

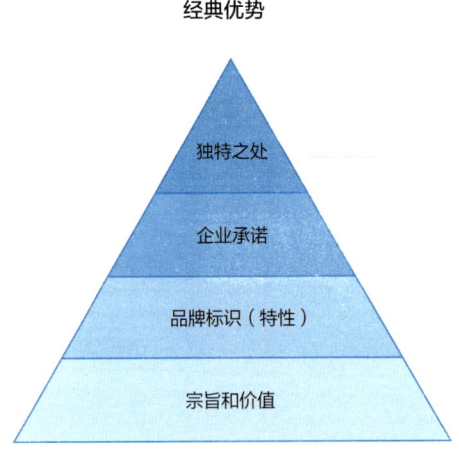

图 6　经典品牌金字塔层级

接下来，你需要对你的品牌个性有一个清晰的认识。品牌个性是企业本身的动力所在；它也是一种标识，影响着企业所有的沟通、决策和活动开展。

然后，你需要有一个明确的承诺。在经典品牌金字塔中，这是人们都可以看到的部分，它能具体表现出其他各个层次的特征。你的承诺越明确，用户就越能了解你是谁，以及你能给他们带来什么益处。

经典品牌金字塔的顶峰就是你的独特之处。它应该与你界定过的几个层次完美契合，立足于你的标识、宗旨和价值，帮助你实现承诺，你的招牌元素就表现于此。在理想的状态下，这些元素会承载起经典品牌有别于其他品牌的独有特色。

耐克的气垫鞋就体现了耐克鞋经过改进后的独特之处，而这反过来又体现了耐克对用户的承诺：让他们可以"想做就做"（"Just do it!"）。招牌元素越有助于兑现承诺，在打造经典优势中所起的作用就越大。

经典优势

定义你的招牌元素

真正具有经典优势的产品都有一个或多个招牌元素,能够吸引用户的眼球,抓住用户的心。这些元素会成为品牌的经典象征,它们不属于你的竞争对手,它们必须独属于你的产品,必须传达出产品的独到之处,并能在一定程度上代表产品所属精神内涵。

这些元素必须与众不同、与用户相关、具有影响力。要想获得最大收益,这三方面缺一不可。这就是经典优势的根基所在。

▶ 独特之处

要想与众不同,最显而易见的方式就是外观独特。你希望产品在竞争中脱颖而出,这通常来说并不难,毕竟大多数品类的产品都有很多共通之处。不过,与众不同可以表现在方方面面。你可以拥有与众不同的感受、气息、味道和声音,你也可以考虑形成品牌独特的观点。大多数品牌因为担心疏远潜在用户,便不敢随意发表自己的观点。

因此，这也是优秀品牌展示自我的好机会。归根结底，只有最令人难忘的品牌才能创造出特别的体验与享用时刻。

▶ 与用户相关

在吸引了公众视线之后，要做的就是把握他们的心意和想法。这意味着你的产品要有受人关注的恰当理由。如果产品的独特之处就是能让用户获益之处，你的产品就能深入人心。初版 iPod 的风格与其他 MP3 播放器相比而言更加时尚简约。所有的 MP3 播放器上都有各色按钮，菜单系统也比较复杂，而 iPod 的简约设计，使用起来更显优雅、便捷。正是这样的设计灵感让产品大受欢迎。

▶ 具有影响力

如果你的产品具有优秀特质，与众不同，你就必须确保你的产品能进入更多人的视线，你需要让它影响所有的人。这就要采取分销策略，在正确的时间把产品推向正确的对象，还要通过营销战略提高产品的知名度。

总之，你需要创造出引人注目、具有内涵、令人难忘的招牌元素。

经典优势

在正确的地方投资

通常情况下,品牌的资源集中在企业的营销方面。企业在研发制造出产品之后,才会开始考虑如何向买家推广产品。经典优势战略则恰恰与此相反。

> 经典优势战略意味着从一开始就营造氛围,让用户渴望这一产品,而不是在最后才面向用户,也就是说,用最少的营销支出带来最大的收益。

现实中的招牌元素

我们已经确定,招牌元素就是那些让你在竞争中脱颖而出、引人注目的细节。这些元素协同作用,构成了经典品牌语言。重要的招牌元素集合在一起,通过富有美感的设计形成整体的外观风格。这种风格有助于品牌脱颖而出，让人们一见倾心。

我们以匡威的经典鞋款为例。匡威经典款包含了一系列至关重要的招牌元素——脚踝处的圆形标志，橡胶鞋底和鞋头盖，鞋带的金属孔眼以及鞋舌上的鞋带导引件。这些元素数十年来从未改变，并非是因为缺乏创造力，而是因为其超高的辨识度。这些元素结合在一起，就构成了备受认可的Chuck帆布鞋经典品牌语言。在下面的内容中我们还会谈到，匡威在设计推出新款时，为了坚守独特风格所付出的不懈努力。

现在，我们再来谈一谈宝马。宝马车的各类车型有很多恒定不变的元素，车标只是其中之一。在视觉效果上，宝马车的经典设计元素包括双肾型进气格栅，汽车引擎盖上的轮廓线，以及后窗的霍氏弯角。同时，宝马也非常注重汽车的音效细节。事实上，设在慕尼黑的宝马研究与创新中心还有一支专门的音响设计师团队。汽车发出的每种声音他们都不会放过，包括发动机的嗡鸣声，关闭车门时那"砰"的一声，以及按下车内按键时清脆的"咔嗒"声。这看起来似乎有些吹毛求疵，但这些音效也表现出宝马品牌的设计追求是多么的精益求精。

经典优势

> 宝马车的独特音效传递出的相应信息,正是宝马生产线普遍遵循的经典元素。产品的经典并不仅仅局限于视觉元素。

人们生来需要经典

人们生来就会受到经典及其招牌元素的吸引。经典是文化、民俗和神话的基石。实际上,我们的大脑似乎也适合解读经典。麻省理工学院的一项研究发现,人脑能在短短13毫秒内识别出图像中的概念。我们的视觉皮层似乎比我们通常所认为的要强大得多。

对大脑的最新研究让笔者明白,我们可以利用人体的某些固有程序来吸引人们的注意。我们的大脑发出的程序指令,会将我们注意力引导到某种类型的信息输入上,这就是所谓的"前注意加工机制"。在我们还没有意识到外界刺激的存在之前,它就会将我们的眼睛、耳朵和其他感官引导到特定的刺激上。我们会在视觉上受到某些触发因素的吸引,包括鲜明的边缘、高亮度以及高对比度区域等；我们也无法抗拒的受到各种面孔的吸引，甚至在我们的意识开始发挥作用之前，我们就能识别出对方的情绪表达。

面孔及其情感表达对人类来说如此重要，这并不奇怪。人类是社会性的生物，如果我们想与他人建立联系、结交伴侣或远离危险，就需要了解周围人们的心理状态。我们的大脑高度关注人的面孔，甚至会把一些尺寸对比与人脸类似的无生命物体臆想成人脸。这种对事物含义的随机感知倾向被称为"幻想性视错觉"。如果你曾经把墙纸图案、咖啡污渍或插座看成人脸的模样，那你也体验过这种错觉。

了解我们的大脑如何处理视觉输入，对创造出引人注目的招牌元素很有帮助。这就意味着不能立刻引起注意的经典元素并未起到应有的作用。

成为能跃入脑海的产品

还有一种显示出经典设计力量的原理，即原型理论（prototype theory）。研究表明，人们并不会平等看待同一类别内的物品。一些物品会更具有"典型性"。例如，如果要求人们举一个家具的例子，人们更有可能说出"椅子"，而不是"凳子"或"饮料柜"。据研究表明，我们在类别中建立了心理层次结构，排列在类别榜首的物品总是具有令人难忘的招牌元素。

这也适用于品牌类别。下面，我们来做个小实验。
首先想一想汽车。
再想一想计算机。
最后想一想快捷送达的服务。

你想到的很可能不是汽车、计算机或快递服务的通用类别，而是一些具体的典型。在你心目中，它们是这些产品或服务类别的原型典范，是这一象征的代表。打造经典优势的目的就是赋予你的产品更多的机会，使之成为目标用户的原型产品。这就意味着，在人们考虑购买某类产品时，你的产品会更频繁地出现在他们的脑海中。这就像一块广告牌，恰到好处地出现在恰好的时间、恰好的地点。这是用金钱也无法买到的媒体空间。

设计招牌元素

那么,究竟该怎样设计招牌元素,怎样创造出能让品牌赢得更多关注的特质呢?

归根结底就是了解你的用户,了解市场的竞争趋势。你应该努力为消费者提供一些他人未提供过的、有价值的东西。

这不仅仅是为消费者排除困扰,尽管排忧解难也是很好的开始。如果你想最大限度地获得经典优势,你就不能只考虑解决问题,而需要着眼于增加乐趣。

重要的是,你要让人们有所感受。假如,你的产品能在用户购买或使用时给他们带来愉悦的感受,他们就会想再来一次,再来一次。他们也会把自己的亲身体验告诉别人。在应对同类竞争对手时,你的真正实力就在于此。

经典优势

经典身份标识

大多数企业都明白,产品必须要有自己独特的身份。正因为如此,企业会给产品命名并加上图形标识。毕竟,谁都不希望自己的产品与竞争对手的产品混为一谈。

优秀的企业大多都有自己的品牌指南,防止品牌淡化,让用户能紧跟其步伐。

如果你的企业做到了这一点,就有了良好的开端。但仅此而已,仅是个开端,或是摆上桌面的筹码。要想真正建立起经典优势,就必须超越这种基本的品牌化水平。

经典特征

提供别人未曾提供过的实用特性,这是产品脱颖而出的绝佳方式。首先,就是要确保该特性卓尔不凡,在视觉上、听觉上(或体验上)引起人们的关注。但你还需要确保这项特性不只是受到了关注,还展现出了真实的好处。这种特性可以是更优雅的工艺、独一无二的技术、特殊的成分、功能性的设计元素，或者其他任何优异之处。一款产品要想取得成功，就需要为用户带来好处。

在20世纪90年代末和21世纪初，个人计算机（personal computer，简称PC）市场陷入了毫无意义的数据竞争陷阱，不停在随机存取存储器（Random Access Memory，简称RAM）、处理器速度、内存和显卡版本等方面比拼。其实很难就此比较同类PC产品，因为人们通常不明白这些数据的切实意义。编写Word文档时，更大的RAM是否要比更大的内存更好？32x的CD-ROM光盘驱动器对玩游戏有什么帮助吗？正当整个市场为这些毫无意义的问题争论不休时，苹果带着情感优势而来，吸引了那些想拥有一台能代表使用个性的计算机的用户。

如果你能以不容忽视的方式，提供别人无法提供的优势，那你就已经踏上了成功之路。

詹姆斯·戴森（James Dyson）是位优秀的英国发明家。为了完善双旋风吸尘器，他设计了5000多个原型。他的革命性想法遭到各大厂商拒绝后，他决定自己创业。他的产品在市场上独具一格，但他知道，能让产品卖出去的是产品给用户带来的感受，而不仅仅是技术本身。于是，他在吸尘器上设计了透明

经典优势

集尘桶,清楚地展示出吸尘器的无尘袋式设计,证明这种吸尘器可以一直保持强劲的吸力。如今,戴森吸尘器畅销60多个国家,并定期升级产品技术,更新产品的尺寸和设计。如今,戴森已经推出了最新一代轻量吸尘器 Dyson V12 detect slim,获得了市场的认可和好评。

经典风格

许多市场都看重独特的外观和彰显出的经典风格。

> 你需要一些既适合拥有,又能彰显差异的元素,并在这种设计元素中加入情感故事或传统元素,使之与消费者建立起更深层次的联系。

博柏利(Burberry)的格纹图案与米色配色标识赫赫有名,让人一眼就能辨认出来。该品牌拥有160多年的深厚历史,曾为极地探险家、影视明星等人提供服饰。其核心服饰经典和永恒的外观,更增加了博柏利(Burberry)的传承感。穿戴博柏利

(Burberry)的任意一款产品,都能让你感受到一段历史以及与身着博柏利(Burberry)的时尚名流们产生关联。

经典造型

拥有独特的产品造型,是让产品从千篇一律的商品之海中脱颖而出的绝佳方式。摆在超市洗发水货架上的大多数产品看起来相差无几。一眼望去,你看到的会是一大堆外观相似的翻盖式或按压式塑料瓶。在这种情况下,脱颖而出并不需要太多努力。说到造型独特的产品,经典的可口可乐瓶或许是最典型的例子,而你大概也会想出其他许多行业的案例,如汽车、手机、鞋子等。

1961年,龟甲万(Kikkoman)牌酱油瓶设计推出,至今外观未曾改变。龟甲万酱油瓶的经典水滴型瓶身顶部是精巧的红色防滴漏瓶盖,设计既实用又与众不同。龟甲万株式会社将自己的成功归功于这种酱油瓶,宣称是它将调味品"带出厨房,走进了饭店和餐厅"。龟甲万酱油不再只是一种调味料,时尚的瓶身设计使之成为餐桌上的独有风景。

经典体验

大多企业未能利用体验的力量。这里所说的不仅是发起一场活动,而是如何让用户在与产品交互时有所感受。做法其实很简单,例如,在手机应用上设置诙谐有趣的反馈信息,或者向人们展示如何以愉快的方式享用你的产品(就像奥利奥饼干的"扭一扭、舔一舔、泡一泡")。只要创造出独特的产品体验,就能从那些单调的同类产品中脱颖而出。

人们在谈起苹果时,往往会把重点放在苹果产品上。但是,产品的包装也是苹果比其他任何一家企业都做得更好的一个方面。拆开全新 iPhone 苹果手机的包装盒时,首先你会打开一层层的外包装。在你看到手机之前,层层喜悦已经油然而生。拆开外包装后,映入眼帘的是一副包装精美的耳机和一个时尚简洁的电源插头。这就像是循序渐进的揭幕式,用以提升用户购买苹果产品的体验,而成千上万的品牌都错失了这种机会。

20 世纪 80 年代,维珍唱片公司的创始人理查德·布兰森(Richard Branson)决定创办一家航空公司——维珍大西洋航空公司(Virgin Atlantic Airways)。当时人们都认为他疯了,那时的他只是个音乐商人，对航空业一无所知，但他了解乘客的感受，知道乘坐航班的体验通常是令人失望和沮丧的。因此，他决定创造出一种更好的体验。维珍航空在头等舱安排了酒吧，并提供豪车接送、按摩和美容护理服务，早在其他航空公司之前，维珍航空就在飞机上安装了椅背电视。这一系列创新的航班体验，配合机组人员友好的服务态度，让维珍航空迅速成为整个行业里的经典品牌。只因维珍知道，旅途体验与抵达终点同样重要。

经典感官刺激

不要只针对视觉效果。所有的感官效果都可以成为创建经典元素的基础。时尚既在于外观，也在于感受；食物的味道重要，外观、质地和香气也同样不可或缺。前面我们也谈到了汽车的音效设计和视觉造型都有益于提升用户的体验感受。总之，你的思考不应只停留在显而易见的层面，你要尽力诉诸不同的感官体验，用来打造经典产品。

骑上哈雷摩托车，就是骑上了一种经典产品。哈雷摩托代表着美国西部的开拓精神，同时也是自由精神的有力象征。不过你在街上遇到这种摩托时，可能会未见其形，先闻其声。哈雷摩托的 V 型双缸发动机会发出"砰、砰"的轰鸣声。多年来，哈雷公司一直在努力保持哈雷发动机独一无二的音效特色，而这种音效正是哈雷摩托的精髓所在。

经典代言人

在世界各地，你都会发现一些与产品相配的真实或虚拟的人物。乔治·克鲁尼（George Clooney）那老练的面孔总会出现在浓遇咖啡（Nespresso）的外包装上；托尼虎（Tony the Tiger）作为家乐氏（Kellogg's）产品的吉祥物，60多年来一直让产品形象妙趣横生。产品代言是久经考验的方法，只要路径正确，就会真正奏效。不过，找代言人不仅是单纯寻找一张熟悉的面孔。代言人的作用是要为你传达出关于产品或品牌的一些信息。这些信息应该同你的品牌价值保持一致，体现出品牌的优势，阐明问题，给人值得信赖的感觉，诸如此类。如果代言人没能为品牌带来任何相关优势，那笔者建议还是另请他人吧。

李奥贝纳广告公司（Leo Burnett）为美国好事达保险公司（Aallstate，以下简称好事达）代言人迪恩·文特斯（Dean Winter）设计的广告非常有趣。在好事达的系列广告中，迪恩扮演了"梅亨"(Mayhem)这一特殊角色,出现在各种荒谬的意外事件中,暗示你应该投保防范这些意外。在一则广告中,他扮演了一个热衷于打扮和购物的十几岁加州女孩,在开车时因为一条令人心烦的短信,导致所驾驶的粉色SUV失去了控制;在另一则广告中,他是一只在别人家的阁楼上安家生子的浣熊。不论涉及的问题多么荒谬,广告的结尾总能适时推销保险的一条广告信息,告诉你"好事达"将如何为你提供保障。事实证明,这些广告既能赢来广告奖项,也能赢得用户的心。这一切都要归功于公司选对了一位令人难忘而又不拘一格的代言人。

经典观点

大多数企业都非常害怕会疏远潜在用户,因此不敢发表任何意见。但是,试图迎合所有人,结果往往会一无所获。如果你自己没有表现出热情,用户也不会对你产生什么热情。近年来,一些知名品牌已经意识到了这一点,并开始为超越自身范畴的事项代言。联合利华致力于将这种思维推广到旗下所有品牌,多芬的"真实美丽"运动,奥妙"孩子身上的泥污很宝贵"的宣言,以及家净(Domestos)的卫生清洁计划,都是由此应运而生。

经典优势

不过，这种方式并不仅仅局限于对社会负起责任，也可以代表某些可能会引起争论的立场。在这个过程中，你也有可能会失去一些朋友，但是你会在用户群中营造出一定程度的氛围，而这是你出于怯懦保持沉默时永远无法达到的。

1987 年，红牛进入市场，带来了一种全新的软饮料类别。更重要的是，它为热爱冒险的运动人士营造了新的心态。从销售含糖饮料到支持极限运动，红牛所做的一切都基于这样一种核心理念——要提升人的精神面貌，增强人的体能表现。与此同时，红牛开始赞助体育赛事，甚至还以惊心动魄的方式玩起了游戏。红牛翼装队队员们在没有降落伞的情况下，愉快地从山顶纵身一跃；红牛冲浪队冲上了前人无法达到的巨浪浪尖。2014 年，在红牛同温层跳伞的计划中，身穿特制宇航服的菲利克斯·鲍姆加特纳（Felix Baumgartner）甚至从太空边缘跳伞，纵身跃入地球。当然，对于大多数人而言，开一罐红牛就足够令人兴奋的了。

经典的名称

如今，像 Smithers，Boggins & Dunwoody 公司这样的名字实在是太过拗口。你上网搜索时就会发现，那些最有用的与品牌相关的词汇似乎都已经被人用光了。因此，找到一个与众不同，令人难忘，能够传达出一些信息，哪怕只是一种感觉的名字，就成了一种挑战。看看近年来最具代表性的一些数码品牌，你就会发现，不用一目了然的词汇命名并没有阻碍品牌的发展，有些名字是有描述性的，例如，Netflix（意思是通过互联网拍摄电影）；有些名字讲述了一个故事，例如，Airbnb（爱彼迎）的名字来自 air bed-and-breakfast（空气床和早餐）的缩写，因为创始人最初只是买了三张空气床（airbed）来出租；有些名字充满豪情壮志，例如 Uber 在德语中的意思是"杰出之物"，中文名"优步"也包含了优秀的含义；还有一些名字是具有表达性，例如，歌曲识别软件 Shazam（中文名"快变"，也叫"音乐雷达"）的名字来自美国超级英雄漫画，在漫画故事中，每当比利喊出"沙赞"（Shazam）之名，就会被一道魔法闪电击中，瞬间从一个小孩变身为成年超级英雄沙赞，守卫世界。无论用哪种方式命名，出于实际情况和法律法规的原因，你都需要确保你的品牌名不会与另一个品牌混淆，具有较强的识别度。

1932 年，克里斯第森先生（Ole Kirk Christiansen）在丹麦创立了乐高集团（LEGO）。这个名字是丹麦语"LEG GOdt"的缩写，意思是"play well"（玩得快乐）。乐高从一只木鸭子起步开

经典优势

始制作儿童玩具，直到 1958 年才推出了经典的积木玩具。从那之后人们才意识到，"lego"在拉丁语中是"我拼好了"的意思，这种巧合妙不可言。乐高之所以能够迅速获得国际声誉，与乐高这个名字的简单、独特是密不可分的。

创建品牌瞩目力

现在你可能会问，怎样才能获得这种思维方式并将之应用到业务中呢？或许你手头正有想要更新的品牌或产品，或许你正在寻找能让新产品获得成功的方法。不同情况所对应的解决方法不同，因此，我们需要分别介绍。

如果你现在已经拥有可以提升的产品、服务或品牌，需要做的就是挖掘出最具经典潜力的现有元素。独自坐在办公桌前空想是没用的，你需要让更多的人参与进来。你需要发动整个团队的同事，一起列出潜力产品的所有元素，特别是筛选出那些独具特色的元素。太过普通的元素很难打造成经典特性。

倘若你手里的产品非常普通，没有任何特别的或独有的可取之处，那就需要你用对待新产品的态度去对待它。

新生事物可以带来发展先发优势（FMA，the first-mover advantage）的机会。率先将一种新产品推向市场，是打造品牌瞩目力的最佳方式之一。只要想想舒洁（Kleenex）、高乐氏（Clorox）和 Q-tips 棉签这样的经典品牌就知道了，它们的产品都是很早就进入市场的，甚至是行业首创，这也让它们占尽了先机。

如果能获得先发优势，那就真值得称许了。现在，你只需要小心维护，别失去这一优势。要想做到这一点，就必须确保你的招牌元素足够强大，强大到在其他品牌竞相模仿你的产品时，你依然是消费者心中独一无二的最佳选择。毕竟，如果其他品牌做出了最优产品，那么，首发入市也就算不上什么优势了。

接下来，你需要集中精力打造品牌持续力，从而形成持久的品牌关联性。这一点将会在后文中进行详述。

对于从零开始的品牌或产品，发挥先行者优势也不失为一种好办法。花些精力发展你的招牌元素吧。这种起跑优势至关重要，因此你要做好研究和分析，观察你的竞争对手，列出他们的招牌元素（如果他们有的话），画成矩阵，按照不同的排序方法为其分类，然后仔细分析研究，直至找出可以填补的空缺。接下来，就是形成你自己的招牌元素，填上这些空缺的时候了。

后文将讲述如何制定经典品牌语言指南,并将针对上述内容进行更详细的介绍。

打造引人瞩目的品牌产品

从竞争中脱颖而出必然是引人瞩目、吸引消费者的最好方式。然而,当你在超市里浏览几排货架时,就会发现几乎没有哪家企业遵循这项建议。那些企业所提供的"独一无二的好处"通常并非独一无二,而往往是完全捏造出来的样子。(没错,尤其是化妆品行业!)

要建立经典优势,首先,你需要打造出具有内在吸引力的产品属性,而不是指望通过营销增加收益。

在后文中,笔者将解释如何为你的招牌元素打造出恒久的品牌关联性。这既要用心,也要动脑。

品牌经典优势评测

如果评估品牌或产品的瞩目力只是单纯地属于你的一部分

工作，那你不可能进行正确的评估，因为你无法获得消费者的瞩目。下面有几个小测试，可以帮助你验证品牌和产品是否真正拥有所需的瞩目力。

回头率测试

把产品投放到显而易见的地方，例如，商店橱窗或陈列架前，然后观察路人的反应。你的产品能吸引他们的目光吗？他们会不会走过去后又返身回来观看产品？有多少人注意到了产品？这些人有什么共同特征？你可以通过这种调查方式来观察人们的反应。如果你想把结果量化，还可以衡量所有指标，并将其用作测度改进情况的基准。

"一秒钟"测试

了解一下人们对你的产品有什么印象，会对你有所帮助。你可以找一些测试对象，在每个测试者面前迅速展示你的经典招牌元素，也可以把这些元素与竞争对手的招牌元素一起展示，从而获得进行对比的真实感。之后请受试者回忆这些元素。如果你的元素足够成为经典元素，受试者就能记住它们；如果招牌元素的效果不局限于视觉，那么也可以同时测试它们带来的其他感受。

产品画像

与消费者进行一对一的交流。快速展示一下产品，然后请他们画出产品。不是高质量的素描也没关系，带有描述性标签的涂鸦就可以了。受试者会自然地画出使他们印象最深的部分。多次实验后你会发现，哪些是他们更看重的，哪些是他们不在意的。

招牌时刻测试

让人们体验一下你的产品和服务，然后询问该产品或服务在哪些方面吸引他们，原因是什么。这是你希望给他们带来的体验吗？结果会不会让你失望，需要你想办法解决吗？测试结果有没有可能为你的品牌带来新的机会？如果你想要更好地了解你的竞争对手，也可以用竞争对手的产品做这样的测试。

第 4 章
培养品牌持续力

只靠不断更新加强产品功能来满足用户的理性需求,就像是一只仓鼠在转轮上毫无目标地奔跑。要打破这种循环,你需要进入到更深层次的感性维度。处于这一维度的忠诚,足以让用户忽视你那些竞争对手花里胡哨的产品。

经典优势

20世纪90年代的互联网空间与现在千差万别。那时的互联网刚刚起步,我们如今习以为常的很多数字服务在当时还不存在。信息搜索服务就是其中之一。

链接,是让互联网从极客世界走向大众市场的重大创举。你只需点击一个按钮、一张图片或一段文字,就可以直接跳转到另一个页面。但在超级链接诞生之前,要想访问一个网站,必须逐字输入网站的完整地址,这在今天看来已经是不可思议的了。另外,当时的网站界面也不像现在这样赏心悦目。

在互联网最初发展的几年,人们只能通过目录服务系统找到自己感兴趣的网站。你首先需要点击"汽车"这一链接选项,然后点击"跑车",接着点击"兰博基尼",最后才能进入兰博基尼的网站。你可以在门户网站上找到这些目录,门户网站通常是打开浏览器时加载出来的第一个页面。

这些门户网站上都设有一个搜索框,但搜索结果却是随机的。在这些网站上搜索可口可乐,如果索引到的某个网页比可口可乐公司自己的网页更频繁地提到可口可乐,那么该网页通常会被排到搜索结果列表中更靠前的位置。

到了90年代中期,斯坦福大学的拉里·佩奇(Larry Page)和谢尔盖·布林(Sergey Brin)开始研究更便捷的网站索引方法。他们的算法着眼于网站的权威度、相关度及新鲜度,获得的搜索效果比嵌入在门户网站里的搜索引擎要好得多。

1998年,拉里·佩奇和谢尔盖·布林正式创建了谷歌,搜索服务是他们开发出来的唯一功能,也是能放在页面上的唯一内容。没有广告商,没有新闻服务,也没有要添加的网站分类数据库。与平常那些内容繁杂的门户网站相比,他们的页面内容相当简洁。简洁干净,就是他们的优势所在。

与门户网站大相径庭、引人注目的页面相比,谷歌页面的简洁布局吸引了人们的浏览,并成为它鲜明的特色。很快,谷歌就被誉为最好的网络搜索引擎,与此同时,一些门户网站突然发现自己好像已经过时了。

经典优势

多年来，谷歌首页的整体外观没有太大的变化。斯巴达式的简约特征持续不变，反而成功地保持了持续度和相关度，传统门户网站则消逝在历史的长河中。

从问世那天起，谷歌首页就有极高的辨识度，你一眼就能认出那简洁的页面和页面中央鲜明的搜索框。谷歌坚持不改变简洁的首页外观，同时坚持更新涂鸦徽标。谷歌几乎每天都会更换涂鸦徽标，以此标示特殊的日子或纪念杰出的人物。

重要的是，尽管谷歌已经成为庞大的行业龙头，在公开应对成长之痛的同时，佩奇和布林依然忠于让人们获得信息的使命。他们继续开辟新的搜索业务，追求创新，并开发出了"谷歌地球""YouTube"和"Google Play"这样的应用商店产品。谷歌做到了在书写自身品牌故事的同时维持用户的情感，并开拓出新的关键优势，保持网站设计的新鲜感。因此，多年来谷歌一直保有极高的关联性。

所有这些特质为谷歌带来了全美超过 80% 的搜索量，这个数据真实可靠，只需谷歌搜索就可得知。

有些品牌似乎天生就比其他品牌更持久。如果向商务人士咨询原因，答案肯定众口不一。很多人认为这全是运气使然。诚然，成功总是在正确的时间抵达了正确的位置，但你往往会发现，能抓住机会从中受益的人，总是有意在某个时刻自己走到那个位置上的。运气不是策略，并且将一家企业的成功归因于天降的运气，等于忽视了企业为了率先抓住机遇所做的精打细算。

有些人认为成功来自高额的营销投入。但是，劣质产品受吹捧，丢了钱来还丢人且达不到理想的效果。人们用过了不好的产品，尝试了一次，之后就绝不会再为这个产品浪费一分钱。没有好的产品，再多的广告和促销也换不来长久的成功。

另一个思维误区是，企业的"长寿"归功于强有力的领导层。但是，除非强大的领导力可以推动企业生产个性出众、与用户高度关联的产品，否则再强大的董事会也无法发挥效力，影响市场在竞争中选择自己的产品。

同样，认为"成功来自摇滚巨星般的大赋"也是一种错误。成功不仅因为雇用了天资聪慧的人才，还因为企业为他们提供了可以成长发展的环境。才智普通的人在好的企业环境中有可能成绩卓著，而才华横溢的人在恶劣的企业环境中也有可能被掩埋。如果一个企业能为人才发展提供合适的条件，那么即便企业内最具天赋的人才出走，这个企业也仍将发展壮大。

最后要说的是，很多人认为，只要能发现商业趋势并一直充分利用,就能获得成功。这种策略虽然好用,但只能在短期内有效。它能让你一时间引领风尚或热潮,却不太可能为你赢得长久的、持续的成功。优秀的企业不畏惧时间的考验,即使受到经济大环境的影响,它们也能安然度过,甚至能在这个过程中抓住新的机遇,不断扩大自己的市场份额。

那么,让一款产品取得长效成功的原因究竟是什么呢?

原因就在于我们所说的"持续力"。谷歌和其他很多公司都拥有这一能力。下面就来详细讲述如何培养这种能力。

培养品牌持续力

以切实的独特性吸引市场的更多关注,从而带来更可观的销量和利润,其中的奥秘在于,随着时间的推移仍能保持并增强这种优势,这就是我们所说的"持续力"。它能让产品经得起时间的考验,成为用户生活的一部分,即使只是很小的一部分。

要想做到这一点,需要在感性和理性上都与用户保持关联。

持续的关联性会逐渐建立起有意义的联系。与人际交往一样,在一个品牌上花费的时间至关重要。研究表明,熟悉的品牌与我们之间的联系最终可能会像我们与最亲密的家人之间的联系一样牢固。

神经学营销咨询公司 Neurosense 的创始人杰玛·卡尔弗特教授与英国广播公司（BBC）就此开展了一项实验。她让受试者接受核磁共振扫描，并向他们展示了一些产品的图片，其中包括一个亨氏豆子罐头、一个可乐罐、一罐红牛，以及一份麦当劳套餐，接着展示了他们的朋友和家人的一些照片。实验结果令人震惊，人们竟然是使用相同的大脑区域来识别熟悉的品牌和我们亲近的人。

当人们在接触这些熟悉的品牌时，甚至会产生类似于看到心爱之人时的情绪。造成这一结果的，就是反复接触且持续不变的元素特征。

在理性和感性两种层面上都建立联系，这听起来似乎难以实现，对于更有质疑精神的人来说可能有些缺乏根基。但是不要被表象所蒙蔽。成功产品背后的企业都很清楚建立长效机制的重要性，为了建立长效机制，它们都会确保自己可以一直保持关联性。

经典优势

产品关联度层面

产品要达到品牌关联度的最大化,需要解决两个维度的问题:联系以及时间。

别指望一蹴而就的成功会一直持续下去,日复一日、年复一年。无论多么新奇、多么令人惊叹的产品,人们很快都会习以为常。如果你见证过使用拨号调制解调器的时代,你就会记得互联网在90年代初是多么的神秘不凡。而现在,如果智能手机无法为你立即播出某部冷门电视剧的某一集,你就会感到非常沮丧。网络服务已经从令人兴奋的新奇事物,变成了像水电一样常用的设备服务。新鲜事物所迸发出的绚烂光泽正以惊人的速度褪色,那些曾经令人瞠目结舌的创新产品,也在达到使用高峰之后不久成为常规产品。

只靠不断更新加强产品功能来满足用户的理性需求,就像是一只仓鼠在转轮上毫无目标地奔跑。要打破这种循环,你需要进入更深层次的感性维度。处于这一维度的忠诚,足以让用户忽视你那些竞争对手花里胡哨的产品。

> 要知道，吸引老鼠的不是大号捕鼠器，而是散发着特异香味的奶酪。

如果你想获得长效收益，就不能纯粹依赖理性的方法。

此外，要想成为真正的经典品牌，就需要经得住时间的考验。在过去已经植根于他人的生活，在未来就更容易占有一席之地。

经不起时间的考验，就只能是昙花一现。克里斯·安德森（Chris Anderson）在《长尾理论》（The Long Tail）一书中指出，要想得到真正醒目的收益往往需要时间，一时的追捧不会让你真正受益。

现在我们来详细讨论一下这两个维度。

第一个维度是联系，其中分为理智和情感两个层面。

与他人建立联系不只是出于理智，想一想还有哪些原因让你想要与他紧密相连。例如，相同的兴趣、相似的价值观、类似的经历、给你带来的良好感觉、定期的接触、相互的尊重，等等。所有这些因素都适用于希望与用户关联的企业。

情感联系在用户参与的每个阶段都很重要，但最能体现其价值的就是产品的购买阶段。

我们早已知道，人们往往会出于感性做出购买决定，再用理性的推断支持自己的选择。然而，大多数行业的情况仍然是用事实、数据和有理有据的论证说服人们，特别是在企业唱主调的舞台上。

这里并不是说你只应该关注情感层面，这并不是非此即彼的情况。相反，理智和情感相辅相成，互为支撑。如果你一直能兼顾理智和情感两个层面的因素，一段时间后就能制定出一种策略，让你的产品经久不衰，同时，稳步增强与用户的关联。

第二个维度是时间，分为过去和现在两个层面。

过去层面包含了迄今为止产品走过的全部历程，涵盖了概念构建、实际开发到品牌传播的所有阶段。你必须明白，这一

第4章 培养品牌持续力

维度还包含了产品用户在过去对产品的理解和体验,这一点很重要。这涉及的是用户与产品和品牌的每一次接触,还有他们听闻过的关于产品和品牌的一切信息,无论真实与否。因此,要想真正与用户建立联系,就必须考虑到用户的感受。

现在层面所涉及的,是确保产品能够与时俱进,不论现在还是将来。大多数企业把产品开发视为一种板块运动。它们拒绝变化,除非压力积累到一定程度,才不得不做出重大改变。这种巨变可能会让企业受损,或是付出高昂的代价,还有可能会让品牌与现有用户脱节。如果你关注品牌的关联性,那么把定期改变纳入你的策略应该是理所应当的。这样你就可以与用户一起进阶成长,而不是冒险进入未知领域。

> 有能力长期保持品牌关联性,就可以立足过去,灵活地踏步向前。

经典优势

关联度矩阵

将两个维度结合起来就能得到一个矩阵,你可以利用它更好地指导你的行为。针对矩阵中四个领域的建设能帮助你建立起品牌关联性,并加强与用户之间的联系。经典品牌关联度矩阵如图 7 所示。

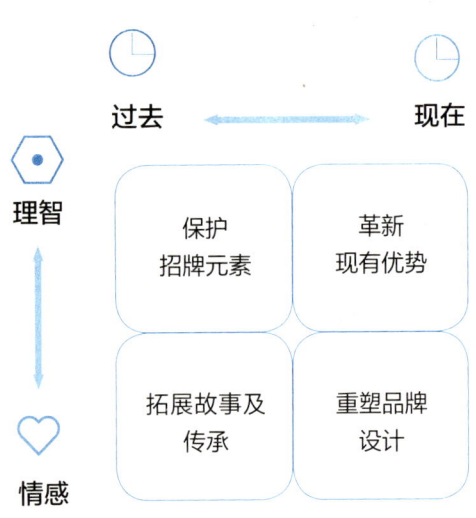

图 7　经典品牌关联度矩阵

保护招牌元素,保持熟悉度

你有没有过这样的经历,遇到很久未见的人,他们虽有变化,但却并不陌生?他们身上仍有让你觉得熟悉的东西,例如,微笑的样子、说话的口音、交谈时的手势。或许他们的着装打扮和服饰发型与昔日迥异,或许他们容颜已改,但是内在本质的一些东西并没有改变,仍然让你感到熟悉。成功的产品和品牌也是如此,纵然时间流逝,也抹不掉它们身上众所周知的招牌元素和一如既往带给用户的情感认同。如果一些品牌的经典元素突然变了样子,反而会让用户难以接受,甚至引发抵触情绪。2010 年,Gap 在改变品牌经典时就曾发生过这样的事情,正如名人口音突然改变会让大众感到愕然一样。

连贯一致的行为能让事情易于理解。想想红绿灯就知道了。在大多数国家里,红绿灯由三种颜色的序列组成:红、黄、绿。采用这几种颜色是恒定的,因此,人们不需要花时间考虑信号的含义。这种一致性使人们无须刻意思考就能自动理解情况。熟悉感的好处就在于此,无须费力就能传达本意。从心理学角度来看，要理解新的事物、面孔和符号，大脑需要付出更多的努力，因此我们更喜欢熟悉的事物。

现有的认知对我们来说非常重要，足以扭转我们的决定。在行为经济学中，最常被引用的偏差概念之一就是熟悉度偏差，也就是说，人们更倾向于购买已经熟知或曾经购买过的产品。

社会学中的信任理论可以进一步分析、解释这一现象。熟悉度会带来信心，而信心会触发信任。在大多数情况下，信任是购买的前提，尤其是对那些价格偏高的产品。

因此我们不难理解，为什么最受欢迎的产品在更新变化的过程中仍有恒定不变的特质。谷歌的徽标每天都在变化，但它总是置于人们熟悉的搜索框上方，彰显着创意与活力。

可口可乐的品牌一致性超越时间，坚如磐石。多年来，可口可乐产品紧跟时代，却从未丢失过其"可口特性"。这一点贯穿了可口可乐的整个产品线。可口可乐所有的产品外观都使用了相同的配色、经典LOGO和字体排版，至少会采用让人感觉相当熟悉的外观元素组合。可口可乐的广告也十分类似。品牌的一致性意味着产品质量的一致性，因此，如果每瓶可乐的字体排版、经典LOGO、外观颜色和形状都不相同，那么就很难再让人产生信任了。

制定经典品牌语言

> 为了维持熟悉度,我们建议定义一种经典语言,将之作为品牌对内、对外一切活动的核心。

这种语言不仅用于对外交流,也应该影响公司的内部运行和企业文化,成为每个部门的行动指南。要想建立起品牌一致性,达到经典品牌的水平,制定经典品牌是唯一的途径。

大多数品牌指南都不够深入。在后文中,我们将详细介绍如何创建自己的经典品牌语言。这里需要强调的一点是,你需要明白,除了基本的品牌指南之外,一些有价值的特性也需要得到保护。

▶ 招牌元素

正如我们在上一章中所提到的,经典产品要想在竞争中脱颖而出,就必须具有招牌元素。随着时间的推移,随着用户逐渐了解你的招牌元素并将之与你的产品联系起来，这些元素会变得更加强大并被赋予情感色彩，同时也会更有价值，更需要得到保护。

▶ 品牌DNA

品牌指南往往会侧重于品牌展示的视觉效果，通常还会涵盖品牌涉及的言论基调。在当今这个静态媒体形势不容乐观的情况下，品牌行为可能更为重要。我们有必要了解一个品牌的个性、功能、承诺、价值观和宗旨，这些因素揭示了该品牌的动机，可以用来指导企业上下的决策和行动。

▶ 历史与传承

产品、品牌和业务的发展历史是可以利用的宝贵财富。以此为基础，可以构建把用户与企业联系起来的故事，还能展现出产品在发展过程中的始终如一，从而获得用户的信任。

正如我们前文所说，经典产品在用户的生活中扮演着特殊的角色。在经典产品与用户的关联中，一致性是重要的因素。经典如同精神支柱，让追随者以此界定自我。如果你的品牌在各个接触点上都非常不一致，就很难成为经典品牌。一致性会带来熟悉度，熟悉度会促进信心，信心会引发信任，信任反过来会触发更多的推荐、销量和利润。如果你想在行业中成为某种象征，那么一致性的构建必不可少。

要创建强大的经典品牌语言，可以有很多途径。一旦找到合适的途径，你就需要长期坚持下去。

奇巧巧克力（Kit Kat）的品牌含义超越了巧克力本身。食用奇巧是一种体验，也是一种仪式。它给你带来的享受早在你吃下第一口之前就已经开始了。

奇巧巧克力棒是包在一层薄薄的锡纸内的，锡纸外面缠着光滑的红色纸带。拆开这个包装本身就让人感到愉悦。打开包装一般需要以下三步。

第一步，把用银色锡箔纸包裹着的巧克力块滑出纸带。你也可以像孩子般用蜡笔擦过铜片一样，用手指顺着长长的巧克力条平滑下去，露出印在上面的品牌经典LOGO。

第二步，用指甲沿着两条巧克力之间的凹槽划下去，整齐地切开锡箔包装，这会产生带着金属质感的褶痕，让人心满意足。

第三步,咔嗒一声,响亮地把第一条巧克力掰开,然后把它从刚刚切开的箔片中剥取出来。

接下来,就是享用它了。

这个小小的仪式是奇巧的招牌元素之一。它曾上过电视广告,曾给每位表演者都带来了乐趣。之后制造商却改变了产品的独立包装,舍弃了这种仪式。

在21世纪初,部分奇巧产品改用了非常标准的塑料包装。仪式感消失了,拆包装的趣味也随之烟消云散。从那时起,YouTube上就时常展现人们激情洋溢拆箱拆包的场景,旧版包装的奇巧棒也经常出现在展示之列。

假如拥有强大的经典品牌语言,可以保护品牌的招牌体验,这种情况就可以避免。

许多产品都为用户创造出了制造商没有意识到或者没有重视的体验。制造商不清楚这些仪式的力量,随意将之放弃,结果也就错失了许多良机。

第 4 章 培养品牌持续力

传承和发展故事，赋予品牌意义

人们喜欢讲故事。如果你花 5 美元买了一瓶酒，你把酒倒进来客的杯子时可能什么都不会说；但如果你花 80 美元买了一瓶酒，你可能会说起第一次品尝这种酒是在哪里，或者谁向你推荐过这种酒，抑或是学生时代的你骑着自行车经过某个地区的情形。

> 故事是有价值的，故事增添意义，意义激活情感。这是与用户建立更紧密联系的关键。

人类热衷于给事物赋予意义。从我们感受到世界的那天起，就喜欢这样做。儿童经常会对物体产生强烈的依恋，比如，毯子或柔软的玩具。许多儿童太喜欢捍卫自己的玩具了，如果其他孩子想和他们一起玩，他们就会变得焦躁不安。长大后，我们并没有真正摆脱这种状态，它只是随着我们年龄的增长而发生演变。

　　研究表明，人们喜欢通过物品表明自己的身份，特别是在西方国家。2011年，加州大学伯克利分校的一项研究创造了"普锐斯效应"（Prius Effect）一词，来描述个体如何"为了表明自己'绿色'环保而付出高昂的花费"。这不仅指炫耀性消费，还涉及意识形态消费，前者指个人通过购买昂贵的物品证明自身财富，后者指个人购买与其信念相符的物品。

　　从神经科学的角度来看，耶鲁大学最近的一项研究表明，当我们想到所拥有的物品时，大脑中激活的区域与我们思考自身存在时所激活的区域一致。我们所拥有的并非只是具有标准市场价值的实际物品，也是我们自我认同的一部分，因此具有无法用金钱衡量的价值。

> 　　如果一个陌生人递给你一支万宝龙钢笔和一支笔帽破损的比克钢笔，哪一支更有价值你肯定一目了然。如果他接着告诉你，那支比克笔他已经保留了12年，他和他的妻子当年用它在他们的结婚证上签了字，之后每年他们只使用一次这支笔，是为了

第 4 章 培养品牌持续力

> 给对方写结婚纪念卡,你的想法可能就会随之发生改变。这就是意义的力量。意义可以彻底改变一件产品的价值。

为不讲故事的人讲故事

很多人认为,有些产品很幸运,天生就有故事可讲,其他产品则不那么幸运。事实并非如此,我们可以通过一系列的方法为产品增添故事,从而让产品在用户心中产生意义。

传承的意义

如果你的产品已经面世了一段时间,就一定会有关于产品之旅的有趣故事。你可以把产品与它所经历的历史事件、曾使用过它的人,以及那一时期来来去去的事物联系起来。长盛不衰是出色的属性,能在一定程度上增强他人的信任。如果你的产品已经面世很久,那它肯定是不错的产品。就像人们看待20世纪70年代功夫电影中的银发智者一般,长寿意味着经验与智慧，这会提高产品的信誉和可信度。

如果你爱喝金酒，或许会注意到，近年来酒吧吧台后面的酒比从前多了许多，亨利爵士金酒就是这其中的一种。亨利爵士金酒是苏格兰酿酒商小批量酿制的杜松子酒。这种酒看起来像是从狄更斯时代起就已经存在的，然而事实却并非如此。

1999年，亨利爵士金酒投放到市场，是为了与主导市场的伦敦干金酒竞争而推出。传统上，金酒是单级蒸馏的产物，而亨利爵士金酒则是由蒸馏制成的两种金酒，从黄瓜和玫瑰中提炼出来的植物精华混制而成。在当时的市面上还从未有过这样的产品，因此亨利爵士金酒一经推出，就与一些具有悠久历史的老字号品牌产品直接构成竞争。这是一种创新产品。

然而，亨利爵士金酒的酿造者并没有把它定位为一种新品，而是将它包装起来，让它看起来更像是19世纪就已面世的老牌产品。这种酒的瓶子融合了维多利亚时代药剂师的设计美学，营销素材看起来就像是在汽车发明之前就已经创造出来的，使用的字体像是用19世纪的打印机打印而成，图像往往采用蚀刻而不是摄影图片，色调选择也并不鲜艳，而是带着复古的陈旧感。这种设计带有维多利亚时期的奇异风格，给人以历史悠久的感觉。从网站推广到营销活动，这个品牌所做的每一件事都突出体现这种特色。

但在一定程度上,该品牌确实有权采取这种具有历史感的设计。创造出金酒的威士忌制造商威廉·格兰特父子公司(William Grant & Sons)自1886年起就已经存在。该公司用来提炼酒精的两种制酒蒸馏器可以分别追溯到1948年和1860年。除此之外,维多利亚时代也是伟大实验的时代,这与产品本身的特性相当吻合。

自从推出以来,亨利爵士金酒的特色一直受到小心翼翼地保护。产品营销的外观和感觉一直保持一致,各种相关活动也一直受到维多利亚式奇异精神的影响。这个品牌长期坚持一致性,因此,品牌的存在只会变得更加强大。

凭借着一段从未实际经历过的历史,亨利爵士成功地创造出了一个产品和品牌,不仅成功地进入了已然成熟的市场,还开启了金酒酿造行业的兴盛之旅。如今,苏格兰所产金酒量占英国金酒消费量的70%以上。自2010年以来,苏格兰已经开设了近100家酿酒厂。

诞生故事

不管出自什么年代,产品通常都会有一个诞生故事。新产品的出现也许是为了给市场提供更好的选择，也许是为了吸引不同的市场，抑或只是出于偶然的发现。无论是出于什么原因，都会有一个可以拿出来讲述的故事，而这个故事有望帮助品牌强调招牌元素的设立。

人物故事

每种产品的背后都有人物故事。这个人可能是设计师，也可能是公司创始人，还有可能是产品生产线上的工人，甚至可能是公司以外的人，用户、销售人员或产品审查员。故事讲得成功，招牌元素也就应运而生，你可以讲一讲开发该产品的原因，或者该产品带来了什么影响。情感故事更有可能缔结情感联系，因此不失为一条有效路径。

融入产品情怀

产品是如何生产出来的，其中投入了多少人力和物力？人们有没有为它的制作、检查、润色或个性化设计付诸心血？与人们的接触一直受到重视。正因为此才会一直有这样的传言：上等雪茄到底是如何卷制而成的？答案众说纷纭，人们并不想知道，这种产品来自巴尔的摩的一家工厂，是机器每分钟吐出的 8000 个产品中的一个，是被一个拿着最低基本工资的工人毫无激情地塞进包装盒里的。人们想听到的是产品的故事，是制造方将心血付诸产品或招牌元素，哪怕故事讲述的只是设计师在产品筹划阶段如何为人体工程学或按钮的位置设计而苦恼的情节。

伟大使命

耐人寻味的是，越来越多的品牌开始制定更高的品牌宗旨。这类宗旨有时是做慈善，比如 TOMS 鞋的"卖一捐一"；有时是发起社会运动，比如多芬的"真美"行动；有时是试图改变整个行业，更好地为消费者服务，比如维珍集团的"颠覆传统行业之旅"。这些品牌宗旨都比简单地转换业务更易被人买单，同时还能吸引热情的用户拥护企业及其产品。

英雄之旅

关于英雄之旅的经典故事中有一些关键时刻，这些时刻改变了剧中角色的行动方向。其中最有看点的，当属令主人公迸发出勇气并达成圆满结局的严峻考验。在你的产品之旅中，或许也有痛苦、迷茫或恍然觉醒的时刻，让你打造出了今天的产品。你可以讲述这段历练的过程，带领用户一起回顾这段历练之旅。苦尽甘来，得到的回报更具非凡的意义。

关于产品使用的故事

你怎么把番茄酱从玻璃瓶中倒出来？是从特定的角度握住瓶子，然后拍打特定的地方将番茄酱拍出，还是竖直地拿着，然后拍打瓶子底部，抑或是直接把餐勺插进瓶子舀出番茄酱？给车加完油时你又是怎么拿开油枪的呢？是不是会稍微摇晃一下，把上边沾着的几滴油都摇掉？给家中的打印机加纸时，你会不会先拿起一沓纸往桌上敲一敲，让纸张对齐？这些都是人们日常司空见惯的使用方式。那么，你的产品与人们互动的方式有什么特别之处吗？他们会以某种特别的方式打开或使用它吗？如果不是，你能为他们演示一下吗？仪式变身趣味体验后，或许就能让你与用户建立起更有意义的联系。

要确保你的故事令人振奋，可以与用户产生共鸣，不要自我满足、自我陶醉。如果用户认为你只专注于自己，你就永远无法与他们达成深层次的联系。

创造新的益处，传递快乐

许多品牌厂商认为，产品卖出去了，交易也就结束了。销售是他们唯一的目的，他们并不关心用户，他们只关心流入银行账户的资金。这种想法大错特错。由此错失的是转售、交叉销售的机会，以及将用户转化为有力宣传者的机会。对于想提高净推荐值的企业来说，这是个巨大的机遇（有谁不希望能提高净推荐值呢？）。

聪明的企业知道，最有力的营销手段不是电视广告，不是海报宣传，也不是花哨的网站推销，而是产品本身。如果你的产品或服务能让人们有所感触，就很有可能成为他们讨论的话题。但要达到这种程度，大多数企业所采用的"提供用户满意度"的方式还远远不够，你需要为用户带来欢乐时刻。具体做法可以借鉴以下几点。

利用产品的现有优势

观察产品的现有优势,询问自己能不能创造出更多的优势。能更清晰地关注这些优势吗?能让这些优势更充沛丰盈吗?能增加这些优势带来的愉悦感受吗?或许你已经拥有了可以更好利用的珍贵优势而不自知。

还记得耐克的气垫技术吗?气垫原本是隐藏在鞋底中不可见的。耐克在第一款 Air Max 鞋中首次实现气垫的可视化设计时,就迎来了业绩的腾飞。耐克继续对这款产品进行创新,最后把气垫设计延伸出鞋跟之外,长到足以覆盖整个鞋子的底面,这既增加了产品的看点,又独具匠心。

这种持续不断的创新手法也让竞争对手更难抢占先机。为了夺回一部分市场份额,锐步在耐克的 Air Max 1 发布一年后推出了 Pump 运动鞋,但是并未取得同样的成功。

移动的靶子是很难被打中的。

耐克已经把气垫技术变成了创新平台,每次新品发布都是更新换代,属于它的设计理念似乎无穷无尽。这是招牌元素的理想状态。你应该做的就是着眼于招牌元素的改进,并反复增强这种优势。

营造重要的欢乐时刻

回想一下你第一次真正接触到苹果手机时的情景。或许你有一位很早就使用过苹果手机的朋友,这位朋友给你展示了苹果手机的某些功能,让你忍不住发出赞叹。欢乐时刻是可以共同分享的(并不局限于网络),你的用户也可以变成你的产品推销者。

如果你对用户没有售后的关注,那就永远不会出现这样令人激动的时刻。

想让产品触动你的用户,你就要关注用户与产品发生互动的关键时刻。

但并非所有时刻都同样重要。从数以千计的互动点中,宝马找出了最令用户欣喜与最令用户失望的20个重要的互动点。它们在用户身上引发了显著的积极情感或消极情感。

就你的产品而言,这些互动点会是什么?可以考虑以下这些时刻,产品演示、购买产品、交付使用、拆开包装、第一次交互、持续交互,乃至折价处理。好的产品在交易完成后会给

经典优势

用户带来持续的惊喜体验。在你的办公室里找一块最显眼的地方，在上边记下你能想到的每一种互动，并突出其中最能触动用户的互动时刻，选出其中一到两个，发展成令人愉快的经典招牌时刻。

紧抓优势

无论是产品特性还是招牌时刻，好的招牌元素总能给用户带来益处。它们以某种方式改善了用户的生活，哪怕只有一瞬间。

时间久了，经典产品及服务就会变成其类别利益的标准载体。采用经典优势战略的企业会持续不懈地保有和创新这一优势。它们会坚持这样做，即使需要放弃或合并现有业务。

很多人都曾描绘过亚马逊的成功。这家非凡的企业垄断了大众市场，给人们带来了一次又一次的创新体验（或许你现在正在用亚马逊的 Kindle 电子书阅读器阅读这本书，从而为亚马逊贡献了利润）。人们通常将亚马逊成功的奥秘归结为它的推荐引擎、移动应用或经销商计划。这些对亚马逊流星般迅速崛起确实起到了一定的作用。但亚马逊的真正卓越之处在于它更简便、更基础的"一键购买"（1-Click）功能。

"一键购买"这个页面上的小小黄色按钮意义深远。它是亚马逊战略的第一要素，目的是缩短从"我想买"到"我拥有"的距离。传统的网上购物平台通常需要把物品放进虚拟购物车，然后经过拖沓的结账过程，其中可能还要遇到一些令人困惑、会让你收到诸多垃圾邮件的复选框。亚马逊的想法是绕过这些烦琐的程序，为用户提供更好、更便捷的购物体验。

"一键购买"就此成了亚马逊的灵魂。深谙其道的亚马逊将之扩展到了亚马逊商业世界的各个角落。在 Kindle 上买书时，你会用到它；用亚马逊的手机应用下订单时，你会用到它；在亚马逊电视频道上点播电影时，你还是会用到它。亚马逊甚至创造出真正的"一键购买"按钮，可以随意地贴在家里。你只需轻轻一按，就可以订购商品。随之而来的就是货品当日送达和实体店的"先抢后付"服务。现在，在亚马逊执行对全食超市（Whole Foods）的收购计划后，你足不出户就能收到超市的有机麦片。接着，亚马逊又推出了智能回声音箱（Amazon Echo），人们只需对它下一个简单的语音指令就能订购产品，连按键都不需要。

如今，亚马逊是世界上最大的在线零售商。在一定程度上，它的成功要归功于"一键购买"的创新，以及对这项核心服务的扩展。它给消费者带来的好处就是"无须耐心"等待。

亚马逊的目标就是进行创新并守住"无须耐心"等待这一优势。为此,亚马逊不惜舍弃自身现有的商业模式。也许有一天,预测分析和物联网合二为一,我们还不知道自己需要某件物品时,物品就会自动出现在我们眼前,对此你也无须感到惊讶。因为到了那一天,我们甚至会忘记亚马逊曾经是一个网站。

正如亚马孙河一样,亚马逊网站的力量俨然势不可挡。图8所示为亚马逊"一键购买"经典优势的组织构造。

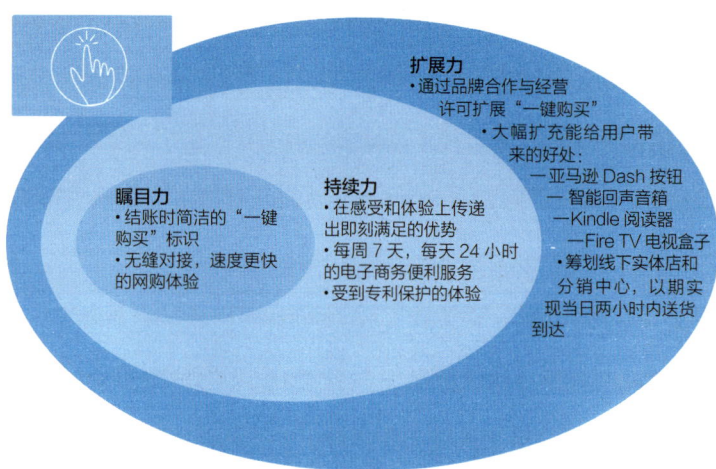

图8 亚马逊"一键购买"经典优势的组织构造

我们说"以旧创新",这有时会被理解为"避免求新"。但我们要传达的意思却是,将创新的努力用到最适合的地方。

如果你像亚马逊那样拥有某种品类利益点(category benefit),就应以此为基础继续创新,为它带来新的活力。这类创新有时可能会让你在其他业务领域有所损失,但这对亚马逊而言实在不足为奇。Kindle 阅读器的开发影响了纸质书的销量,亚马逊电视盒子冲击了 DVD 的销量。只要能提高差异化优势,亚马逊便会欣然为之。长远看来,这是一条正确的商业之路。

如果你拥有品类利益点却不能持续更新,拥有商业优势却不能针对自身的情况更新商务模式,那么其他人就会抢占先机,于是你便失去了行业的领先地位。

重塑设计,点燃激情

让经典产品保持新鲜感和时代感。无法与时俱进的经典产品透露出的信息是你对它不再感兴趣,因此,你的用户也可能不再对它感兴趣。如此一来,产品会慢慢失去关联性,你也将慢慢失去你的用户。多久进行革新,取决于你所在的行业。在时尚行业等一些领域,每隔几周就会推出新的产品线;而在汽车行业,制造商可能会推出季度限量款,每隔三四年会重新设计一款车型,每十年推出一款新车。

产品更新不只是保新。伦敦大学学院(University College London,简称 UCL)在 2006 年做的一项研究表明,新奇事物能激活人脑中的多巴胺,使我们感觉良好。我们的大脑渴望多巴胺,但时间一长,这种刺激效果会逐渐消失,产生的多巴胺也会越来越少。事实上,随着时间的推移,产品的回报会变得越来越低。如果不做定期更新,即使最具经典的产品也会逐渐失去吸引力,变成寻常物品。

你还记得打开最新买到的智能手机包装盒时的感觉吗?过了一星期后你对这部手机还有什么感受?一个月后呢?半年后呢?由于人类的适应能力,新产品带来的多巴胺作用很快就会消退。

值得注意的是,产品更新后引起的效果与更新前后的区别并无直接关联。

> 人类既恋旧，又喜新，因此你需要调和折中，让你的产品既能新奇到吸引人们的注意，又不会迥异到让人感觉陌生。

以苹果手机 iPhone 为例。每个版本的 iPhone 看起来都与上一个版本非常相似，并且几乎每一代操作系统的工作模式都相差无几。描述这种过程的最合适的词就是精进。当你换用新版 iPhone 时，几乎没有什么要重新了解的。虽然偶尔也会有让你发出连声赞叹的变化，但本质一直都是你熟悉的。

适量的新鲜感

你的经典品牌语言能指导你如何为你的熟悉度保驾护航，同时让你知道哪些元素值得尝试。它能帮助你立足过去、开拓未来。在为你提供新的表达机会的同时，警示你哪些经典元素不可随意触动。

要想保持产品的新鲜度，使产品令人兴奋，你可以关注以下两个方面。

经典优势

1. 产品进化

确立目标，让人们更加关注产品的经典元素，并努力让这些元素变得更醒目、更强大、更具吸引力。与之相关的是与市场竞争对手进一步区分开来，并与用户建立更牢固的联系。

此外，要保持产品款式的新鲜感和时代感。品牌如果过了时，吸引力就会不复存在。因此，一定要确保产品的设计风格不会掩盖你的招牌元素，同时也与时俱进。

放手让设计师去探索当今的流行趋势、时尚文化和社会运动的时代精神。在不丢失招牌元素的前提下，鼓励他们将发掘出的新鲜事物注入产品的设计美学中。

2. 找到合适的"经典混搭"合作伙伴

保持品牌新鲜感的一种方法是采用"经典混搭"策略。时尚和汽车品牌在这方面尤为擅长。最成功的品牌会在不失品牌根本属性的前提下，成功兼容其他品牌的属性。

日产汽车（Nissan）曾为电影《蝙蝠侠前传 3：黑暗骑士崛起》(*The Dark Knight Rises*)打造了一款限量版蝙蝠侠配车，车身采用黑色哑光喷漆，与电影里的蝙蝠摩托一样，车内座椅还装饰着精致的蝙蝠标记,这样的设计让该款车型酷炫无比。通过这种联名设计,日产成功地为自家品牌和产品赢得了大众的积极关注。

在时尚界,范斯(Vans)凭借合伙战略发展得风生水起。它与其他品牌联名合作,加强自身的独特设计。截至本书撰稿时,范斯已与皮克斯(Pixar)、任天堂(Nintendo)及许多知名设计师建立了合作伙伴关系。这是范斯产品战略中不可或缺的一部分,为其带来了极其可观的利润。

如果你能把目光从当前潮流青年的嘻哈发型上挪开,或许你会发现,他们中的大部分人脚上都蹬着一双范斯鞋。范斯的品牌新鲜感和相关度已经持续了50多年,这令人为之惊叹。范斯最初的名字是范多伦橡胶公司(The Van Doren Rubber Company),不同寻常的是,它做的是鞋子,而且面向公众直销。在该品牌开业的当天上午,有12名顾客买了鞋,鞋子是当天生产的,顾客要等到当天下午才能提货。如今,范斯鞋的年销量超过100万双,其中卖得最好的还是开业当天生产的那款经典鞋型。自从那天开始,这款鞋就受到了市场的火速关注与热烈追捧。

一切就是这样凑巧。人们发现在玩滑板时,这种鞋所采用的独特的华夫格状橡胶鞋底能为滑板花技提供格外出色的抓板功能。于是，这款鞋很快就受到了追求时尚的滑板群体的青睐。范斯只需牢牢把握这个面向年轻人的变化无常的市场，现实就是，范斯已经相当出色地做到了这点。事实证明，该品牌既享有瞩目力，又保有持续力。

为了与市场保持强大的联系，范斯支持街头文化，并赞助举办一年一度的"Vans Warped Tour 巡回音乐节"。多年来，该系列巡演邀约了各大音乐流派的众多新兴乐手及老牌音乐人，为全球的时尚青年带来优质的视听享受。不过，范斯真正的天才之处当属联名合作，这使范斯得以掌握青年文化的潮流动向。回顾范斯的历史，就会发现范斯的许多经典设计都基于超越时间的专有经典，如披头士、辛普森一家、星球大战、Hello Kitty、美国职业棒球大联盟和迪士尼的联名款式等，还有与高田贤三（Kenzo）、马克·雅可布（Marc Jacobs）和村上隆（Takashi Murakami）等著名品牌设计师合作的珍稀系列。

最近，范斯的创意领导团队将品牌持续力提升到了新的水平。该团队不仅与著名合伙人通力合作，还通过更新范斯的定制平台，充分发挥用户团体的创造力，让人们以范斯的经典鞋型为画布，创造出属于自己独一无二的设计。这种创新方式令人惊叹，它让范斯品牌与用户更加贴近，同时还与用户建立起了更深层次的情感联系。广受欢迎的范斯自由定制鞋已成为艺术家的首选画布，他们经常在Etsy网站上销售自己设计的独特印花鞋。这就是品牌扩展力。自然，这也为其品牌带来了大量有价值的公关信息和社交媒体讨论热度。

正是这种铸造经典的创意法则，让范斯能在不断变化的市场中保持领先地位。只要滑板和摇滚乐依然存在，就永远有人等着购买范斯的产品。图9所示为范斯（Vans）与村上隆合作设计款。

图9　范斯（Vans）与村上隆合作设计款

经典优势

应用关联度矩阵

现在你可能想知道，如何才能将这些方法最有效地应用到现有产品或服务上。显然，解决以上四个方面的问题就能让你获得最佳答案，但是或许存在专业、预算或资源方面的限制，让你暂时做不到这些。那也无须担心，只要应用得当，即使只处理了其中一两项，也能产生一定的效果。

不过，有一点需要优先考虑，那就是保护你的招牌元素。

一旦开发出了自己的招牌元素（或者确定以现有元素为招牌元素），你就应该创建经典品牌语言的专属文件，保障它们不会受侵犯。这个文件还会帮助你保留最有价值的产品特征，并为你的决策提供指导依据。同样重要的是，它将向你指明，该在哪些方面保持产品的新鲜感，让产品始终令人激动。

至于其他方面该如何处理，那就要看你的目标所在了。

从零开始构建关联性

经典品牌关联度矩阵

该矩阵也可用于全新产品的开发指导。同样,我们也建议你按照特定顺序执行以下几点。

1. 建立强大的瞩目力,瞩目力与招牌元素中蕴含的清晰的差异点密不可分。

2. 保护招牌元素,制定经典品牌语言指南。

3. 进一步拓展品牌故事和传承,与用户建立更深层次的联系。

4. 创新现有优势,为用户增添更多愉悦感受。

5. 重塑设计,保持产品的新鲜感和关联性。

图 10 所示为经典品牌关联度矩阵。

经典优势

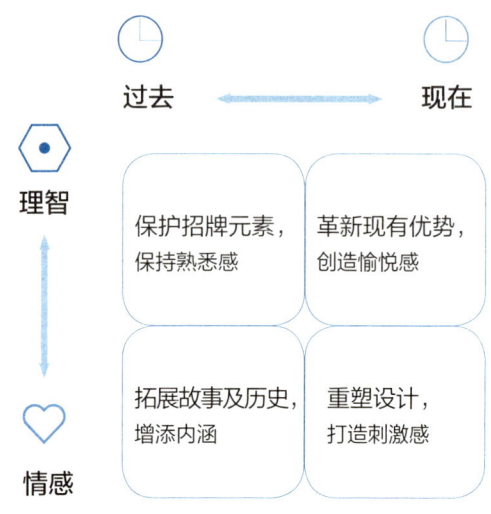

图 10 经典品牌关联度矩阵

持续力工具箱

持续力的维持需要诚信，这让很多商业人士都倍感不适。但是如果你狠不下心来，就无法做到诚信，市场也就无法善待你的利润。下面是一些可以帮助你与用户建立长效关联的行为训练提示。

第 4 章 培养品牌持续力

1. 叙说连贯的产品故事

与企业的主要员工进行一对一交谈，了解把他们与产品联系到一起的相关故事，例如，谁开发了该产品，为什么开发该产品，该产品存在了多长时间，它与竞争对手的产品有什么不同，等等。记录这些故事，标出讲述次数最多的故事。接着再对用户重复这个过程，整理听到的故事，看看每个人口中的故事是否连贯一致，在此基础上构建出人人皆可读懂的连贯故事。

2. 创造深刻感受

列出用户接触到你的产品和公司的每一个场合——从营销活动、网站、商店、包装、日常使用和客户服务，一直到产品的折旧和更换。找出让用户情绪到达最大值的关键时刻，然后从中抽取一两个（不超过两个）思考该如何革新，如何创造一些超出预期的东西，让你的用户感到愉悦。你可以关注细枝末节，例如，在网站上点击一下即刻出现可爱回应的按键，或者戏剧性的开箱体验。你与用户的每个互动接触都蕴含着机遇，有时甚至可以是用户投诉。

117

3. 穿越旅行

想象一次穿越到 5 年、10 年、25 年后的未来旅行。那时会有什么改变世界的发展，来革新影响你的产品？3D 打印，无人驾驶汽车还是更长的人类寿命？为每一种假设的场景构建出你的产品的虚拟版本。在未来的发展变化中，有多少是对你有利的？如果需要对这些产品进行升级，它们的升级版本会是怎样的？最重要的是，什么产品即使过了 25 年，却依然能够保持不变？

4. 品牌大使测验

即使对自己的业务再了解，你也不是典型用户。你可以去邀请一些忠实用户，问问他们对你的产品延伸有何想法。他们会因为拥有这些产品而同样感到骄傲吗？别人知道他们拥有这些产品，会让他们感到高兴吗？他们会从使用这些产品的过程中获得同样的乐趣吗？如果不是，原因何在？用这些答案指导你的设计过程。

第 5 章
构建品牌扩展力

经典产品会变成购买群体的象征。为了获得这种影响力,产品的招牌特色需要为用户所熟悉;这些招牌元素需要得到群体中每个人的了解和欣赏。如果你的用户群体对产品毫不了解,也不知道它代表什么,那么这款产品就不可能被称为经典。

经典优势

2013年,迪士尼公主系列电影《冰雪奇缘》(*Frozen*)在全球各大影院上映。该影片票房收入惊人地达到了13亿美元,影片DVD成为有史以来最畅销的DVD之一。即使你从未看过这部影片,你也不太能避免受到其宣传的影响。它从上百万个8岁孩子的背包里对你"呼唤",在各大商场向你兜售联名快餐,在世界各地的溜冰场、电梯间和超市的扩音器里为你播放影片经典插曲。

沃尔玛曾囤积了700多件与《冰雪奇缘》相关的商品,而与玩具反斗城(Toys"R"Us)相关的商品只有300多件。因此,这部电影的衍生商品销售所得收入已经大大超出了电影票房收入也就不足为奇了。

这已经不只是娱乐圈的事情了，这是大多数财富500强公司梦寐以求的商业成功。

这种成功并非偶然。真正令人称奇之处在于，迪士尼在加强专有招牌元素的普遍认可方面能取得这样大的成功。在开发经得起时间考验的经典优势方面，迪士尼是真正的高手。《冰雪奇缘》在上映4年后，电影的火热程度似乎仍未减退。

早在红毯铺开，名流涌入首映式之前，一切就已开始上演。迪士尼早就鉴别出该片的关键招牌元素。不仅是主人公艾尔莎、安娜、雪宝、克里斯托夫和斯文，这部影片中的歌曲、音频、最佳语录、道具、背景、版式、画面配色等都属于招牌元素。迪士尼创建出了宝贵的资产宝库，并且界定了如何正确使用每个元素。这就形成了强大的经典品牌语言，这种经典语言构成了《冰雪奇缘》瞩目力和持续力的基础。

之后，电影衍生品的销售及合伙关系开始发挥作用，将其全球认知度提升到了全新的水平。早在《冰雪奇缘》公映之前，仓库里就堆满了数百万件以其招牌元素为特色的产品。在很大程度上，这部电影就像是为各地玩具店货架上的商品做的一部广告。正是通过这种手段，这些特许经营产品的经典元素得到了普遍认可。这也是品牌扩展力提升到最佳水平的有力验证。

目前，迪士尼大约拥有 50 个特许经销权，其中包括所有的漫威角色、皮克斯电影和《星球大战》。2014 年，其中 11 个特许经销权所得收入都分别超过了 10 亿美元。如今，迪士尼从衍生商品和授权产品的销售中赚取的利润，往往比从电影中赚取的利润还多。

迪士尼将业务重点放在扩大和加强每一个经典的特许经营上，从而真正找回了属于自己的"魔力"。它的利润增长如此迅猛，一张记录它过去几年收入的统计图表会让最有雄心壮志的会计头晕目眩。

迪士尼已经认识到保护旗下经典品牌的重要性，并学会了如何在不摊薄利润的前提下扩展这些品牌的价值。这才是处于魔法王国核心的真正"魔法"。

何为扩展力

前面已经讨论过瞩目力和持续力，前者旨在打造出独特、深刻的招牌元素，后者为了与用户建立更深层次的情感联系，从而逐渐形成品牌关联性。现在，我们将讨论普遍认可度的建立，从而让你在竞争中成为行业旗手。

这就是我们所说的扩展力，也是让品牌独具特色、成为行业经典的方法。

扩展力融合了广告、促销、分销、产品延伸、合作伙伴关系，涉及能为你提高知名度、开拓新市场、让你有机会创造普遍认可度的一切因素。通常情况下人们会为此采取一种"遍地开花式"的心态。但正如笔者接下来要说的，这不一定是适宜之策。

循序渐进推行战略

不要困顿。你不能急于求成，一下子跳到这一步。这样即使成功也只是暂时的。

打造经典优势的三个步骤要循序渐进进行，这是有充分理由的。顺序正确了，战略才能奏效。直接跳到构建扩展力这一步，意味着你打算在做好准备之前就把产品推给用户。这种行为必定会损害你的信誉，让你今后更难建立起经典优势。

在笔者看来，这是很多企业都会犯的错误。在笔者要求企业列出当前的项目和优先事项时，它们中的大多数似乎都专注于适合构建扩展力的相关活动上。公正地说，这样做也可以理解，因为这些方法看起来最奏效。构建扩展力是三个步骤中的最后一步，很容易就会被误解为成功的原因。并且，由于许多活动都涉及可观的预算资金，企业往往会以能否产生利润作为唯一的衡量标准。

企业高管们每个季度都面临着越来越大的创收压力，他们向来会采用一些屡试不爽的解决方式，例如营销促销，迅速扩大分销渠道，或者推出一系列新产品的延伸。但是这些方法造价都很高，而且无益于与客户建立起更深层次的联结，也不能让产品变得更受欢迎。

采取这些方法，你的品牌可能会在各大市场变得随处可见，然后变得无足轻重。这样一种"先繁荣后萧条"的办法，也许能让你在短期内上市更多产品，却很难为你带来长期可观的可持续利润增长。

这对于时尚品牌来说尤为风险。近几年的蔻驰（Coach）和迈克·科尔斯（Michael Kors）就落入了这种陷阱。这是两个随处可见的品牌，旗下产品涵盖了多种价位，充斥着所在市场。这类景象热闹非凡，却让品牌基础变得薄弱，从而淡化了品牌自身的效果。

罗宾·刘易斯（Robin Lewis）在为《福布斯》（*Forbes*）撰

写的一篇文章中提到了迈克·科尔斯面临的风险:"转瞬之间,变化无常的年轻消费群体就清醒过来,他们发现这个品牌的产品居然无处不在,大街小巷里到处都有人背着这个品牌的皮包。于是,嘭的一声!美好破灭了。不管在谁眼中它什么也不是,谁让它满大街都是呢。"

过于广泛的传播范围,反而削弱了这些品牌的经典影响力,让它们失去了品牌的意义。

2014年的相关报道称,蔻驰约有70%的收入来自直销折扣店,这足以说明蔻驰是如何失去自身市场地位的。想在这种情况下建立品牌关联性,几乎不大可能。

你的商业世界有多普遍

"普遍"这个词,听起来就好像我们在谈的是大卖场,是把产品告诉每个人、告诉每位用户。实际上,这涉及的是更为集中的问题。为那些或许不会购买你的产品的人打造经典产品,就是在浪费时间。因此,我们所说的"普遍认可",是让你把经典产品深刻而精准地展现给你的特定用户,除此之外什么都不重要。

经典优势

像大多数人一样,你可能从来没买过佐格先生的性蜡。如果你不冲浪,可能就对它从未有所耳闻。佐格先生的性蜡是冲浪板蜡的经典品牌之一,冲浪板蜡是为了在冲浪中不打滑而在冲浪板上涂的一种黏性物质。你从未听说过这东西,没关系,那些冲浪爱好者知道就够了。

正因为如此,你确实需要了解你的用户。只有了解他们的需求、他们的热爱、他们的购买途径,以及他们消费媒体的方式,你才能够真正与他们建立联系。

如果你的市场很小众,那么小众就是你的品牌重心;如果你的用户只在特定时刻对你有需求,那就把重心集中在这些时刻;如果你的用户是大众市场,那就选择大众媒体和大众传播;如果你没有正确定义你的用户群体,那你只是在浪费时间,误打误撞。

在本书开头,我们提到了罗杰·马丁的战略框架,这是"从哪儿着手"策略的重要组成部分。你需要制订出品牌扩展力计划,该计划要以用户为中心,内容紧凑,定义明确。你需要与数量不多的忠实追随者保持关联,不能对每个人都有求必应,要把路走准、走深,而不要走宽、走泛。就好比厚厚的一大团花生酱最容易抹开。这既能让你建立起经典优势,还可以节省成本。

第 5 章 构建品牌扩展力

普遍认可的重要性

记住，经典产品会变成购买群体的象征。为了获得这种影响力，产品的招牌特色需要为用户所熟悉；这些招牌元素需要得到群体中每个人的了解和欣赏。如果你的用户群体对产品毫不了解，也不知道它代表什么，那么这款产品就不可能被称为经典。

试想一下，一个热衷时尚的十几岁男孩，要在两件 T 恤衫之间做出选择。这两件 T 恤衫价格相同、正面都印有明显的品牌经典 LOGO，其中一件印的是"安德玛"，另一件则印着"红美洲狮"。前者大家都有所耳闻，后者则无人知晓。你觉得他会选择哪一件？应该不会选"红美洲狮"吧？安德玛衣服的内在价值，就在于被大众认可的高质量与舒适美观，以及它物超所值的价格。

一个产品的用户认知度越高，就越具有吸引力。当然前提是，这得是个好产品。无论你的用户是中年高尔夫球手、高端时尚爱好者、玩独立摇滚的滑板运动员，还是你所选择进入的小众市场中的消费者，这种认知度都能让他们对所在群体产生

经典优势

更强烈的认同。

  一旦你为产品线建立起品牌优势,你就能利用这种优势建立大众对新品发布的期望。你已经赢得了用户的兴趣和信任,经典优势的瑰丽之光也将自然而然地"照耀"着你的新产品。人们会在街上排起长队,彻夜等待,只为最早享用到你的产品,为他们满足自己的需求。

关于认知度的科学

  有一种心理学原理叫"曝光效应",与之相关的记录资料有很多。简单来说,这种效应描述的是人们受到同一种刺激的次数越多,就越想受到这种刺激。同理,用户接触到一类产品或品牌的次数越多,对该产品或品牌的印象也就越深刻。

  这种情况的发生大多数是下意识的,因此,这种效应的威力更加强大。正如丹尼尔·卡尼曼在《思考,快与慢》(*Thinking, Fast and Slow*)一书中所说,我们所做的大多数决定都是迅速的、冲动的、发自本能的。经典优势印证了这一观点。

  行为经济学的整个领域都是基于这样一个事实,人们在做

第 5 章 构建品牌扩展力

决定时会采取直观推断或选择心理捷径。这在购买决策中显得尤为明显，其中一个例子就是可得性法则。维基百科对此进行了如此的描述："可得性法则是一种思维捷径，它依赖于人们的直观推断，在人们评估特定主题、概念、方法或决策时出现在人们的脑海中。可得性法则的运用理念是，如果某件事物能被想起，那它一定是重要的，或者说至少比不那么容易被想起的替代解决方案更为重要。"

前文中已经提到，当用户想到某个产品类别时，首先出现在他们脑海里的是经典的产品。这就是市场环境下的"无提示认知"，是购买考虑的最佳指标之一。

我们的许多购买决定在很大程度上会受到同龄人的影响。研究表明，我们之所以购买产品，常常是为了能与"圈子"中的其他人进行交流。前面所提到的"普锐斯效应"也表明，人们会花一大笔钱，向他们的社交"圈子"展示自己多么环保。当然，这类炫耀性消费并非只发生在环保主义者的"圈子"里，而是广泛影响着每一个价位的产品选择。

如果产品得到好评，销量就会上升。因此，构建品牌扩展力的目标就是要获取好评。如果你从一开始就拥有很强的品牌瞩目力和持续力，就会更容易赢得用户的持续关注。

经典优势

瞩目力为你选出了最好的种子,持续力把种子植根于你的用户心中,扩展力则是给种子浇水施肥,为种子提供茁壮成长所需的阳光。这三种力量加在一起,就能为你带来丰收。

如何建立普遍认可

要想建立普遍认可,你需要考虑以下几点。

招牌元素的反复曝光

我们已经知道,看到某样事物的次数越多,对它的信任值就越高。在许多行业,信任是购买的一个重要前提。如果你以经典品牌语言为基础,在行为和沟通方式上保持一致,那么用户与你的招牌元素的每一次接触都有助于提升信心。简而言之,你应该尽可能频繁地出现在用户的视野里。

这一点可以通过在各类媒体上投放广告来实现。你也可以采用更聪明的方法,不去依靠高额的营销支出,以智取胜,永远好过以财取胜。最好的方法之一就是让你的忠实用户成为你的品牌代言人，甚至成为你的销售力量。

如果你购买过苹果的产品，你就会发现产品包装内放了两个商标贴纸。用户可以将这些经典贴纸贴在其他电子产品上，这会让用户与苹果的品牌光环有更进一步的联系。

有些人会有创意地使用这些贴纸。有些人只是把它们单纯地贴在日常的办公用品上。无论如何，这都是苹果的品牌小广告，既免费，又可以起到宣传作用。

购买苹果产品的群体往往更倾向于跟喜欢使用苹果产品的人交往。于是，苹果毫不费力地就锁定了适宜的消费群体，增加了品牌经典的曝光率，强化了用户与品牌的亲密联系。并且，这些贴纸也让每位用户看起来更像"苹果一族"。

相信你也会认为，苹果的这种做法相当聪明。最重要的一点是，与付费媒体的价格相比，苹果这种做法的成本几乎为零。

一致的信息传递

信息传递的焦点，应该是吸引人们对你的招牌元素及其相关好处的关注。不要偏离这一焦点。瞩目力和持续力把营销的优良条件并入到产品中，信息传递的作用则是尽量让这些优点显而易见。不要让你的招牌元素被哗众取宠或花哨风格的噱头所掩盖。值得注意的是，笔者并不是要你剔除广告和营销中的创意。这里指的是，创意思维应以突显招牌元素及其益处为焦点。毕竟，招牌元素才会让你脱颖而出，吸引人们的关注与兴趣，为目标用户提供价值。

菲尔·奈特（Phil Knight）创办耐克时并不相信广告。因此，他最终合作的广告机构是一家由两个同样厌恶广告的人创办的新公司。这两人分别是丹·维登（Dan Wieden）和大卫·肯尼迪（David Kennedy）。耐克是他们的第一个客户。

很多年过去，WK（Wieden+Kennedy）已经成为世界上最受尊敬的广告公司之一。促成其威名的，正是为耐克所做的宣传活动。在经常依赖哗众取宠和夸夸其谈的营销宣传里，这家公司专注于产品、产品的招牌元素及这些元素提供的益处的宣传。它创造出来的作品成功地把菲尔·奈特变成了真正的广告商，改变了他看待自己生意的方式。用菲尔·奈特自己的话来说就是："我们已经想通了，耐克就是一家以市场营销为导向的公司，而产品就是我们最重要的营销工具。"这是重要的领悟，产品及其招牌元素才是真正的营销头牌。

在耐克 Air 运动鞋的广告中，作为这款鞋的招牌元素，可视性气垫在每个广告中都得到了展现。广告设计有意吸引人们关注可视性气垫，使之更加醒目。产品的内置营销元素没有遭到掩盖，广告只是以简洁而时尚的方式突出了它的存在。

这是个范例性的教学案例，教给你的是如何在展示瞩目力的同时充分显露品牌的光芒。耐克与传奇广告公司 WK（Wieden+Kennedy）之所以会取得成功，原因就在于此。

与招牌元素保持相关

招牌元素让你的产品独一无二、令人向往。但招牌元素可能拥有超越产品本身的力量，特别是在它们涉及一种态度或一种互动方式的情况下。

比如，亚马逊的企业定位由"一键购买"决定，如果某一天，用户需要填写超长的注册信息才能进入亚马逊的在线促销活动，那么亚马逊就违背了企业自身的定位。

这相当于企业的肢体语言。因为有时，行为往往能比语言传达出更有意义的信息。别以为仅靠语言就能说服你的用户。

经典优势

扩展力的三个向量

想开发出行之有效的扩展力，就需要解决三个方面的问题，它们分别是：产品/服务延伸、市场营销和分销。其中每一个方面都会对品牌的业务产生直接的影响。但你可以通过它们来提升品牌的瞩目力和持续力，从而释放出它们真正的力量。这样就会创造出一种无缝衔接的经典优势战略，随着时间的推移强化你的经典品质。

产品与服务延伸

产品/服务延伸的目的是扩大你的经典品牌语言在更多行业类别中的认知度，从而提高大众对品牌的普遍认可。这类延伸还能为你创造全新的销售机会，无论是与现有客户合作，还是开拓全新的市场。要达到这一目的，方法有很多。

1. 高端化（升级）

高端化指的是为产品创造出高端版本。这可以释放出新的销售机会，还能给你创造机会，让你增加利润率更高的产品。

你首先要了解人们愿意为哪些事物支付额外费用。这当然不只是将现有产品肤浅地做得像施华洛世奇水晶一般华而不实，再把售价翻上两番。你需要去了解，对你的现有及潜在用户来说，什么属性是有价值的，然后升级你的基础产品，使之具有这些特性。你的目标是增强产品的合意性，让人们愿意为此支付更高的费用。

但是，这些必须以不损害招牌元素为前提。新版产品不能与现有版本完全不同，而应成为原有产品的进阶版本。也就是说，你的经典品牌语言将再一次发挥其指导效用。

如果可能的话，你应该在新版本中更加强调并突显你的招牌元素。毕竟，招牌元素为你的用户提供价值，倘若将其淡化或消除，只会让用户茫然，而你劳神费心打造出的经典优势也将受到损害。

使产品升级的途径还有很多。时尚行业往往会为此使用更优质的材料，在制造过程中更注重产品细节。科技行业则更倾

经典优势

向于让产品提供更多的功能、带宽或内存。服务业通常提供额外支持。总之，都是要找到适合自己产品的道路。

为了苹果手表更好的发展，苹果也走上了品牌合作之路。产品不变，但在表带选择上增添了耐克运动版和顶级爱马仕皮革版等选择。

不管怎么操作，你都需要确保招牌元素不会受到改变。这将是你提升招牌元素价值、吸引更多关注的基础。

像保时捷 911 这样的经典车型并不多见。第一辆保时捷 911 下线已经是半个世纪之前的事了，可是这款车依然是人们向往和追捧的对象，这简直就是奇迹。

为了庆祝这款车问世 50 周年，保时捷特地发布了 50 周年纪念版，限量生产 1963 辆（该数字指代 1963 年，保时捷推出这款车的年份）。借此机会，保时捷进一步提升了这款车型的经典品质。

保时捷 50 周年纪念版独具特色，吸引了人们对其传统和设计的关注。20 英寸的车轮轮毂，采用保时捷具有传奇色彩的福斯（Fuchs）车轮的外观。经典的设计元素，如前进气口、引擎室格栅的翅片以及后灯之间的面板，都用铬饰边突出显示。经典的特色设计也延伸到了车内，座椅所采用的软垫面料与 20 世纪 60 年代车型采用的佩皮塔格子呢类似，车内仪表盘的指针是白色的，指针转轴的帽是银色的，与第一代车型一致。

这不仅是保时捷 911 的复刻，也是保时捷 911 车型中的经典之最。每一项设计元素都有一个与之相关的故事，而这些故事就是这款车配得上高昂价格的原因。在驾驶这款车时，你踩下的不仅仅是油门，还是一种情怀。

2. 平民化（降级）

平民化是指为产品创造出价格更低、更实惠的版本，在不削弱经典特征的前提下进入大众市场。时尚企业经常这样做，就连苹果公司也推出了 iPhone SE，做到了向大众靠拢。企业总会生产出一些价格亲民的产品，来满足那些渴望拥有这类品牌产品却负担不起的人。

这一策略的实现途径有很多。你可以使用较便宜的组件替代非必要元素，或是移除非必要元素；你可以更多地使用自动化生产，减少工艺流程；你可以减少对客户提供的支持，抑或是简单地降低成本，提高产量。不过要再次强调，无论你怎样操作，你都需要保证产品身上受人认可和喜爱的那部分特征仍能得以保留。这意味着你需要依据你的经典品牌语言保护主要的招牌元素，并找到一种花费更少的方法，将这些招牌元素呈现出来。

经典优势

芬达（Fender）的斯特拉托卡斯特（Stratocaster）吉他是世界上最著名的吉他之一。60多年来，这款吉他一直受到传奇吉他手的钟爱，例如吉米·亨德里克斯（James Marshall "Jimi" Hendrix）、埃里克·帕特里克·克莱普顿（Eric Patrick Clapton）、U2乐队吉他手艾吉（The Edge）。由于斯特拉托卡斯特基本款的定价在600美元左右，使很多人都望而却步。20世纪70年代，手头拮据的吉他手们唯一的选择，就是从海外购买廉价的仿版芬达吉他，这些仿版吉他的外观看起来与斯特拉托类似，但却没有斯特拉托的手感和音色。到了1982年，一切都有了改观，彼时的芬达以旗下品牌斯奎尔（Squier）为名，生产出了一系列平价电吉他。

斯奎尔版斯特拉托卡斯特吉他保留了原版的招牌元素，与原版有相同的名字、相同的外观、相同的拾音器配置以及相同的木质饰面，不同的是选用了成本较低的材料，并且选择在海外生产制造。

在价格上，斯奎尔吉他与仿版不相上下，但它们却是实实在在的芬达产品，带着芬达的光环。这些性价比更高的吉他集整个品牌的光环于一身，质量也远远高于粗制滥造的仿制品。斯奎尔吉他徽标下方那行"芬达制造"的小字，足以让所有芬达迷都为之渴望。

芬达就这样成功地打入了曾经排斥的"低端"市场，同时留住了属于斯特拉托卡斯特吉他的所有招牌元素。

3. 相邻类别

高端化和平民化都是为了开拓新的消费细分市场，而打入相邻产品类别的则是为了满足现有忠诚用户的额外需求。这或许是为你的产品增添新的使用场合，或是补充产品的用途。打入相邻产品类别的目的，就是让你现有的用户群体从你那里买下更多的产品。

要做到这一点，你可以借助现有的经典招牌元素，以此为特色创建新的相关产品。这样你的用户就将拥有更多的机会，来展示他们喜爱的品牌，你的普遍认可度也能得到进一步的提高。重要的是，这也给了用户更多坚守所爱品牌的理由，防止用户为满足需求而改选其他品牌。

你首先需要确定产品所服务的市场或细化的市场定位。接下来你要询问，用户的其他需求是什么。你要探究产品使用前、使用中及使用后的时刻与场合，列出他们在同一时间还使用了哪些产品。

彪马（Puma）就是个很好的例子。最初，彪马只生产运动鞋。但多年来，彪马已将产品线拓展到了体育爱好者可能有所需求的所有方面。现在的彪马不仅生产服饰、背包，还生产各式各样的运动器材。所有这些追加的产品都印有独特的美洲狮图标和品牌经典 LOGO，而这些单品的设计也依循同样的风格，形成了广大消费者乐于接受的独特"外观"。

厨宝（KitchenAid）的情况也是如此。厨宝从生产经典的食品搅拌机起家，随着时间的推移，逐渐拓展到生产一系列厨房配件以及准备食材所需的各种厨房工具。现在，厨宝提供的产品种类繁多，从铲子到冰箱，从冰激凌勺到水壶，应有尽有。这些产品的外观富有特色，采用了闪亮的金属徽标，大胆的珐琅色调，以及 20 世纪 50 年代原始版本的产品风格。这些设计将格调带进了厨房，让人们更愿意购买使用该品牌的食品搅拌器。

要很好地执行这一策略，就应该把经典品牌语言中界定的招牌元素扩展到新产品中。必须一眼就让人明白，新产品和旧有产品同出一脉。它们都应建立在你的理念和目标上。

无论你制造出什么外延产品，都需要以品牌瞩目力和持续力为依托，否则就不要制造外延产品。

4. 联名合作

联名合作指的是接近另一品牌的关联用户，并利用该品牌的知名度和信誉度，通过与这一品牌合作可以达到强强联合的效果。

首先，确定你想接触的用户群体，最好是你认为会对你的产品产生共鸣的群体。接下来，确定这些群体认定了哪些品牌。最后，与这些品牌接洽，达成合作意向。

时尚界通常采用知识产权的授权模式来实现这一策略。走进 H&M 或塔吉特（Target）专营店，你会看到印有乐队经典、流行品牌和卡通人物的 T 恤。这些产品借用了属于联名合作对象的印花图案来吸引用户。不过，实现联名合作还有其他方式。

邀请名人设计师一同开发新产品就是一条途径。H&M 精通此道，其合作伙伴包括卡尔·拉格菲尔德（Karl Lagerfeld）、斯特拉·麦卡特尼（Stella McCartney）、范思哲（Versace）和周仰杰（Jimmy Choo）。这种策略并不局限于时尚界。贝克啤酒厂（Beck's Brewery）从 20 世纪 80 年代就开始委托艺术家设计啤酒瓶的限量版标签。这些设计合作者包括杰夫·昆斯（Jeff Koons）、翠西·艾敏（Tracey Emin）和吉尔伯特·乔治（Gilbert & George）。路虎（Land Rover）也使用了这一策略。2012 年，路虎推出了昔日"辣妹"维多利亚·贝克汉姆（Victoria Beckham）设计的限量版车型——揽胜极光。

这一方法是将两种经典属性融合起来，并在过程中加强两者的关联性，提升两者的普遍认可度。只是，要确保你的招牌

经典优势

元素不会在这个过程中遭到削弱,也要保证你不会做有违品牌个性和品牌理念的事情。

只要找到正确的合作方式,联名合作就能成为强大的力量,吸引来一大批新的用户,开辟出新的收益来源。

市场营销

产品找对消费者,对于获得知名度和吸引力来说至关重要。这个任务就落在了营销人员的身上。营销的成本和方式取决于你的产品类别、用户及取向。品牌需要的营销,也许是价格不菲的黄金时段的电视广告,抑或是一场追逐。一切都取决于你的用户,取决于什么最能说服他们。

市场营销的主要目标,应是提高人们对属于你的经典招牌元素的认识。这要以你的经典品牌语言为指导。经典品牌语言将影响到你营销工作的方方面面,其中包括创意简介、外观、质感、信息传递和媒体选择。

1. 广告

大多数企业的大部分营销支出都花在了广告上。并且,大多数广告的效果如何还是个问题。如果你翻阅一本杂志，或整晚观看电视台插播的广告，你就会发现上面都是一些可有可无的信息、虚头巴脑的内容。令人惊讶的是，几乎没有多少广告能让你注意到一款产品的独有特色。

招牌元素不应受到忽视。你所做的一切都应该为你的招牌元素引来关注，并突显这些元素的优点。经典优势能将真正的营销嵌入到产品中，因此，广告宣传要做的就是尽数展示这些镶嵌在王冠上的宝石，并与用户建立关联。不要让任何事物影响招牌元素。招牌元素一旦失效，你将付出高昂的代价。

2. 不仅是付费媒体

随着媒体版图不断分化，人们往往会对如何利用媒体渠道产生疑惑。但是，只要你能利用媒体为你的经典优势带来活力，你就不会出错。展示你的招牌元素，明确你的目标，讲述你的故事，并与你的用户建立联系。这些举措行之有效，适用于销售点、直销、网络条幅、产品展示、公关特技、社交媒体、品牌内容，以及未来几个月和几年内开发的所有新渠道。

红牛是这方面的高手。红牛使用标准的广告渠道，但是让红牛广为人知的，是它参与的事件和采用的特效广告。红牛的

经典优势

经典宗旨特征，就是让人们能够展现巅峰状态，这一宗旨在红牛所做的每一项活动中都得到了体现，其中最引人瞩目的是菲利克斯·鲍姆加特纳（Felix Baumgartner）的超高空极限跳伞。红牛所做的一切汇聚成了卓越的品牌故事，并与用户建立起了更深层次的联系。

经典优势是品牌赢得用户的钟爱和忠诚，使品牌长盛不衰的关键。但是，如果你不将之置于首要位置、核心位置，你就永远无法真正从中获益。

经常在酒吧点单的人都知道，点科罗娜啤酒时，上酒的方式与其他啤酒上酒的方式略有不同。这种酒的瓶颈里夹着一块酸橙楔子。如果你拿到的酒里没有这种水果装饰，你可以直接质问酒吧的招待。

这种上酒方式是重要的招牌元素。它给饮品本身增加了悠长清新的味道，让人耳目一新的饮用方式也别有韵味。就这样，科罗娜酒从冰柜里各类琥珀色的饮品中脱颖而出。这也是一项极具感官性的元素，涉及视觉、嗅觉、味觉和触觉。

科罗娜很清楚这一点，并且始终如一地使用这一招牌元素作为营销素材。在网站、网页横幅、销售点宣传材料以及电视广告、海报和平面广告中，你都能发现这一元素。假如哪一瓶科罗娜酒里没放酸橙块，那实在是太不正宗了。

科罗娜的市场营销始终吸引人们关注这一招牌元素，也让其产品与市场上其他啤酒鲜明地区分开来。对于科罗娜来说，一杯冰镇啤酒加上一点新鲜酸橙，其实就是成功的滋味了吧。

分销

建立普遍认可的一个环节，就是确保客户想买你的产品时就能买到，需要你的服务时就能用到。因此，选对分销渠道非常重要。如果你的产品在关键时刻难觅踪影，那么你曾经付出的一切努力都可能付诸东流。

然而，你需要走得比这更远。人们寻找和购买你提供的产品和服务的方式，也可以增强品牌的瞩目力和持续力。这一商业决定不仅出于理性，也需要由你的经典品牌语言给予提示。

1. 零售业务

这包括两个方面的内容。

第一点，也是最显而易见的一点，你需要通过适当的渠道将你的产品送到用户手中。因此，如果你的用户购物时喜欢去商店（网店和实体店），那你的目标就是让这些商店上架你的产品。这很平常，也是大多数企业已经在做的事情。

第二点有些复杂，需要你将分销手段纳入沟通和强化招牌元素策略的一部分。用户与产品的接触途径可以用来沟通信息，也有助于你与用户之间建立更深层次的联系。让产品小众分销或限量发售，也许会比铺天盖地式的销售更行之有效。

你还可以使用与竞争对手完全不同的销售渠道，这或许能帮助你进一步与他人区别开来，并传达出你的品牌的象征意义。这不仅关系到产品在哪里上架，还关系到产品为何以及如何在那里上架。

你现在的车是怎么购买的呢？是和大多数人一样，去城郊的一家汽车经销商那里看一看车型，选一辆试驾，然后讨价还价，或以旧换新吗？这是常规做法，但如果你购买的是特斯拉，情况就不一样了。特斯拉的制造商有自己的方案。他们把零售中心设置在购物广场和商业街，没有库存，也不雇用现场推销人员。

这样做有充分的理由。

特斯拉提供的是全新的产品类别，既与销售有关，也与教育有关。它开发的一切技术都旨在减少对环境的影响。因此，特斯拉汽车的直营模式反映了该品牌独有的价值观。特斯拉的店内体验模式与特斯拉汽车一样，是令人惊艳的技术盛宴。你可以在交互式屏幕上探索驱动程序的内容，配置属于你自己的汽车款型，并查看配置的模拟效果。在这样一个更小而又更环保的销售环境中，特斯拉创造出了更逼真的沉浸式体验。

此外，由于企业的长期目标是取代现有的化石燃料汽车，特斯拉拒绝雇用经验丰富的传统汽车销售人员。在特斯拉看来，其品牌目标就是要取代传统汽车行业，而这些人既然为传统汽车行业服务了这么久，就不适合销售特斯拉汽车。特斯拉不希望自身的经典理念受到任何一点损害。

除了这些实际差异以外，实行颠覆式的销售战略也有助于体现特斯拉汽车的关键元素。特斯拉的销售模式只是一种契机，连同店内体验模式一起，完美地向人们传达出这一信息，利用了现代科技力量的特斯拉，在能够让用户受益的同时，也能造福社会。

2. 地域关注

数字时代以前的大部分国际市场壁垒，都已经被互联网消除。因此，要想打入全球市场，产品就需要跨越国界和文化差异，这一点已经越来越重要。

一些产品无须任何调整就能适应所有市场，这是最理想的状况。然而，在许多情况下，不同的市场会存在令人无法忽视的定位及文化差异。

在这种情况下，你需要同时考虑两个相互矛盾的因素，一个是一致性，另一个是关联性。如果你已经拥有了坚实的经典品牌语言策略，就会更容易达成二者之间的平衡。

你需要界定出那些不容更改的招牌元素，并列出可供这类元素畅行无碍的区域。这能让你在保持产品或体验的重要元素不变的同时，根据不同地方市场的具体情况进行调整。因为人们可以旅行，可以使用互联网，你必须确保你的产品不会出现明显的不一致。如果你在国外提供的产品或服务与国内人们对你的了解及你的惯常做法不一致，那么这种不一致很快就会被人盯上。而你为建立经典优势所付出的一切努力都将受到沉重打击。

无论在哪里旅行，你通常都能找到一家麦当劳。几乎没有人认不出麦当劳。每家麦当劳看起来都和你家当地的麦当劳一模一样，菜单也非常相似。

但在许多地方，你会发现菜单上的选项有些差异，常见的食谱也有些细微的变化。

例如，在东南亚国家，你可以点到麦香奶酪堡，这是用奶酪代替肉类的餐点，还有麦蔬比萨派。它们在美国根本不会有销路。东南亚国家是个素食程度较高的地方，调整后的菜单也能反映出这一点。但在很大程度上，所有的餐点依然还是十足的麦当劳风味。

你会发现各类餐点的名称依然以"麦（Mc）"开头，汽水依然是装在有盖子和吸管的纸杯里，麦旋风依然存在。你享用到了完整版的麦当劳体验，只不过该版本有轻微的本土化特征。

品牌扩展力检验

进行广告测试

向10个人展示你的广告，请他们告诉你广告中最大的亮点是什么，最突出的元素是什么，他们对此有什么看法。如果他们无法一致识别出你产品的招牌元素，那么这份广告就没有起到应有的作用。你应该先在小范围内非正式地进行这项测试，然后再把钱投入到焦点群体的测试中。小范围的非正式测试也能确保广告的核心焦点是正确的;而焦点群体测试可以保证广告行之有效。

是扩展,还是失去相关性

如果你要进行产品的延伸开发,就要确保产品延伸建立在经典优势之上。向 10 个人展示产品延伸后得到的新产品,然后询问他们该延伸产品让他们想起了什么产品。如果他们识别不出原始的核心产品,你可能就需要重新设计一下,使招牌元素更加清晰明了。

货架测试

把产品延伸后得到的所有产品摆到货架上,看看它们放在一起是什么效果,然后询问别人的看法。如果你希望测试真实有效,可以刻意把没有招牌元素的货品混入其中,然后让人们挑出不一样的产品。如果他们没有一致地挑出那个混入的货品,那你可能就需要更突出强调一下你的招牌元素了。

第 6 章
为经典优势打下基础

真正的一致性是指在任何情况下都要以品牌理念作为指导。如果你的品牌核心理念足够强大,那么无论世界如何变化,你都能岿然不动,保持稳定及关联。

经典优势

下次出门时,低头看看大街上的人们脚上都穿些什么。除非你是在上班时间去金融区,否则,你肯定会看到几双匡威鞋。这些鞋子颜色各异,鞋带孔的数量未必相同,还有一些特别设计版。但是,即使种类再多、变化再大,也没人会把它们认成别的鞋子。因为,它们属于多年来最经典的鞋款设计。

自从问世以来,匡威鞋几乎没有什么变化,使用的材料可能与 50 年前的款式略有不同,但设计几乎没有变化。美国涅槃乐队主唱科特·柯本(Kurt Cobain)等人同样穿过匡威的 Chuck 全明星经典款帆布鞋,不同的人会有同样的穿鞋品位,这种感觉是何等奇妙。

正因为此,2014 年,匡威在决定重新审视经典的全明星系列设计时，人们都非常惊讶，何况匡威企业上下还流传着一句箴言——"别砸了 Chuck 的招牌"。

设计师们面临着巨大的压力和挑战。匡威的经典品牌语言相当强大，深得用户的心。设计师接到指令，需要更新鞋子的设计，但是如果鞋子的外观变动太大，很可能会与忠实用户脱钩。于是设计师开始寻觅一种功能性的设计元素，一种能让匡威的所有用户群体都能接受的元素，无论他们是滑板爱好者、音乐家，还是其他钟情于 Chuck 系列的人。

设计师大刀阔斧地对当时的产品元素进行了彻底解剖，确定了哪些招牌元素不可改动，哪些设计特征可以灵活变通。接着，他们对各种设计特征排列组合，看看会发生什么。一年后，他们才终于找到了想要的东西。

鞋型绝对不能改变，因此，设计师丝毫没有改变鞋子的形状。但他们在鞋子上增加了一个设计元素，就是 Chuck II 的反光印花，这会给喜欢穿 Chuck 的人在生活上带来额外的便利，因为印花在弱光环境下也能被看到。这对于滑板运动员、自行车车手和在夜间行走的普通行人来说，都是很好的附加功能。

在设计的过程中，他们还在鞋子内侧额外增加了一些舒适垫，虽然从外部看不到但穿上就能感觉到。鞋子的外观也做了一些细微的调整，但不会影响整体观感。

至此，传统匡威鞋不仅顺利完成了更新，还多了一项重要的功能设计元素。最重要的是，Chuck 招牌犹在，没被搞砸。

许多品牌正在经历认同危机，搞不清楚自己是谁，也不知道自己在做什么。结果就是，没有哪个用户能感受到与这些品牌之间的联系。

这些企业不明白，真正的一致性是指在任何情况下都要以品牌理念作为指导。如果你的品牌核心理念足够强大，那么无论世界如何变化，你都能岿然不动，保持稳定及关联。有了这种强烈的身份认知，在任何情况下你都能采取适当的行动，平衡旧事物的熟悉感与新事物的新鲜感，让你的品牌超越时间与界限。

自我意识来自对招牌元素的理解，以及对品牌定位、价值观和差异点的理解。这种意识会在你做出重要决定时给予你信心。

你能看到，许多没有自我意识的品牌并不清楚自身有什么问题，他们往往习惯走老路，在同一条路上一试再试。为了安全起见，他们宁愿维护旧的产品设计。他们坚持过于僵化的指导方针，只考虑做什么，而不去考虑为什么做。他们错误地认为，一致性就是一次又一次地重复相同的行为，不去考虑周身环境是否在不断地变化。

在这样一个不断变化的世界里，一成不变就注定失败。

而另一些品牌的反应则恰好相反。出于不安，这些品牌没有对一致性进行任何保护，只是四处奔忙，想方设法与用户保持联系。这也是自身定位和自我认知的一种迷失。

这些品牌从根本上重塑自己，不顾一切，拼命想再创辉煌。就像一个40多岁的中年男人，突然间跑去文个身，或是买了辆赛车，这看上去既不符合自身的年龄，又不太符合身份。

这里有一个非常显著的例子，那就是可口可乐和百事可乐从1941年至2017年经典LOGO的对比与演变，如图11所示。

经典优势

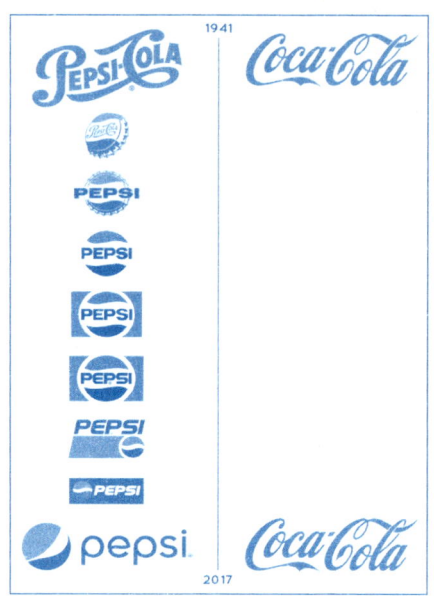

图11 可口可乐和百事可乐从1941年至2017年经典LOGO的对比与演变

两者之间谁更自信,谁看上去更醒目,一目了然。看看百事可乐这么多年来发生的巨大变化,直至如今呈现的版本。

在百事可乐的新闻稿中,这些改变被称为"品牌更新",百事可乐还告诉人们,这样做是为了"让初心回归""让经典更有活力",并创造出"更为生动"的外观。以上这些说法都是百事可乐的一位副总裁在与《广告时代》谈及2008年更新经典时所述。新上任的 CEO 入驻百事可乐后，采取了与之前截然不同的商业战略，紧接着就是该版外观的横空出世。对于企业来说，这感觉可能没错，但对于消费者来说，这就像是一个绝望的情人在悲切地恳求："拜托你别离开，我可以改！"

笔者对一些不算年轻的同事和朋友进行了快速的民意调查，结果显示，他们中只有不到一半的人知道百事可乐的哪个经典 LOGO 是最新的版本。在撰写这本书时，百事可乐的最新经典 LOGO 已经用了十年左右，却依然没能被公众完全知晓。

许多品牌似乎并不明白，这些不一致的行为究竟会给用户带来什么影响。

百事可乐用"量子飞跃"来描述自己的求新之法，殊不知，这所谓的"量子飞跃"是在要求现有用户脱离已经建立起来的依恋，并强制用户自动地将感受转移到某种在视觉、感觉和行为上都完全不同的事物中。这就好比新一代演员扮演詹姆斯·邦德（James Bond）时，观众在确认这个演员能演好自己心目中的角色之前，会先持保留意见。

当然，改变是必须的。一成不变会导致无所关联。你应该以保护招牌元素为目标，同时通过设计的创新，定期为品牌添加令人激动和愉悦的成分。我们的目标是要在不偏离品牌核心特征的前提下逐步发展品牌。品牌的身份认同发生剧变，会让用户感到不安。他们心中认同的经典品牌更是如此。这样的变化意味着，你不仅改变了产品的身份，还影响了你在每一位用户心目中的自我形象。

对于产品和品牌而言，一致性至关重要。但是只有当你清楚自身的定位时，你才能保持一致。在商业世界中，一致性并非偶然可得。你需要有意识的努力和强劲的领导力，还需要确保每个人都意识到一致性的重要。

因此，你需要定义出属于自己的经典品牌语言，这也是下面要讲的内容。

不要期待成为每个人的选择

品牌具有身份认同和战略定位，这不仅会影响品牌外观，还会影响到品牌所做的每一件事。令人遗憾的是，大多数企业运转的唯一动力就是招揽更多的消费者，赚取更多的利润。

对用户范围的定义越宽泛，就越难对用户产生意义。到头来，你会在与用户进行关联的尝试中变得肤浅乏味，永远无法建立起任何有意义的联系。

如果你拥有一个明确界定的、拥有相同激情或兴趣的用户群体，就更容易与他们建立关联。这一点对于经典优势的打造来说至关重要。

并不是说你的用户范围不能大，只是这个范围必须有一个明确的限定。而且，若要成功地与人们密切相连，你也需要对自己的品牌有足够的了解。

拥有前后一致的表现

即使企业高层对他们的品牌和产品有足够清晰的认识，这些认识也不会自然地渗透到企业的每一层。缺少明确的战略方向，企业自然就会失去重心。每个员工都有不同的视角、不同的动机和不同的技能。如果任凭他们自由发挥，他们对产品精神的诠释可能会五花八门、杂乱无章。

一些人严肃认真，一些人思维跳脱；一些人喜欢又醒目又鲜明的品牌经典，一些人喜欢低调又小众的品牌经典；一些人会看到与用户建立情感联系的价值，一些人则看不到理性之外的其他信息。

很多企业都会出现这种情况,对品牌经典处理过度,产品设计概念不一致,讲不出连贯的品牌故事,缺乏核心理念……即使它们有连贯的品牌故事和核心理念,也往往无法前后一致地表达出来。

企业的这种行为使用户很难与之建立稳固联系。如果一个人的行为总是飘忽不定、难以测度,别人或许也只能选择避免与这个人交往。

这些企业就在无意间阻断了自己的成功之路,也阻碍了产品去激发出大众的热情。

尽管沟通、营销和销售渠道持续倍增,情况却只会越来越糟。

如何发现并维护招牌元素

大多数企业,特别是大型企业,都过于关注眼前利益。它们奔波于每个销售季,希望能赚到比去年同期更高的利润,就像一名运动员,锲而不舍只为创下个人新高。财务方面的期望并没有错。但是当微弱的季度收益成为企业主要的关注点时，往往会错失那些真正能改变业务现状的重要事物。

这样做的结果是，许多企业甚至从未想过要去界定自己的招牌元素。部分原因是这些企业看不到这些元素所带来的直接收益。如果企业成功了，企业主会觉得理所当然，却从未真正思考过人们当时为什么会选择购买自己的产品。更糟糕的是，许多企业因为一项产品专营权的成功而赚得盆满钵满，还忙着继续靠它赚钱，却不知道它当初为什么会成功以及如何继续保持发展优势。这将会置企业于险境，让企业的商业决策遭遇风险。

好在招牌元素的发掘和维护并不复杂，只要稍加努力就能做到。

下面将解释如何创建基于品牌 DNA 的经典品牌语言文件，以及如何发现和维护招牌元素。

了解自己的品牌

从头开始寓意甚佳，那么就让我们先从品牌 DNA 入手，先了解是什么在驱动着品牌的业务、员工和用户。品牌 DNA 包括品牌核心价值观和品牌个性。具有不同的品牌DNA是品牌之间形成差异的根本原因。品牌DNA是品牌资产的主体部分，它能让用户清晰、明确地记住并识别品牌的部分，从而驱动用户认同，喜欢乃至爱上一个品牌。

图12所示的是经典品牌金字塔的组织构成，它是经典优势的铸造基础。你以前可能见过与之类似或更复杂的图示。就我们的目标而言，你只需回答四个不同但相互关联的问题，但不要迅速给出脑海中最先出现的答案。做好这件事需要认真思考和反思。你也应该从所在的企业中找到更多的人来做这件事，并在这方面投入越多越好。

经典品牌金字塔结构先从基层开始，从下往上，如图12所示。

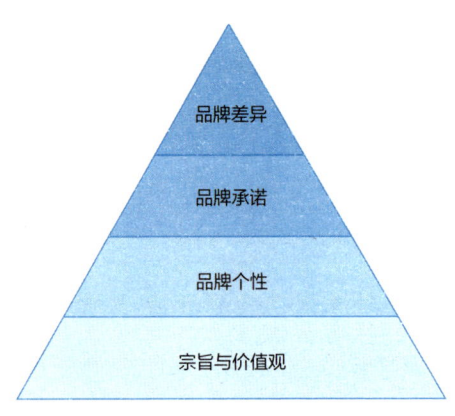

图12 经典品牌金字塔的组织构成

宗旨与价值观

宗旨是员工的驱动力,驱动他们每天早早起床,使他们期待来到工作岗位。

价值观则是员工行为的指南,是指导他们行动的信条与动力。当他们面临进退两难的境地时,价值观会引领他们找准方向。

宗旨和价值观放在一起,决定了员工队伍是否协调一致,以及每位员工的工作效率。优秀的企业都很清楚自己的宗旨和价值观,并将之与企业文化相融合。

不要怀疑人心。宗旨和价值观的贯彻是从上到下的,应该由企业领导层和一线工作人员共同遵循和践行,并渗透到企业的各个方面。

问题是,与"上班是因为有工资可拿"的这种想法相比,更深刻的宗旨确实很难提出。为此,你需要弄清楚是什么推动了全体员工积极工作,并想办法让这一点成为企业文化和工作流程的一部分。

企业价值观的内容可能是诚实、正直、热情、把用户放在首位，等等。价值观是体现企业宗旨和使命的道德标准。在无人监管的情况下，价值观涉及的准则可以指导员工的行为，帮助他们走出困境并做出最佳决策。

关于这些，有一个很好的例子。

"通过友好、可靠和低成本的航空旅行，将人们与他们生活中重要的东西联系起来。"这句话代表了美国西南航空的企业宗旨与价值观，并作为准则引导着整个公司员工的行为表现。美国西南航空从不向乘客收取行李托运费用。这种商业决策听起来可能不太明智，但从他们的宗旨来看，这确实是正确的选择。这样独树一帜的理念也一直突出体现在该公司的广告标语里。

品牌个性

品牌个性是企业的特征，也是驱使品牌进行商业活动的主要因素。

一本书名为《很久很久以前》(*The Hero And The Outlaws*)，在香港地区译本为《品牌的原型》，作者玛格丽特·马克（Margaret Mark）在书中描述了看待品牌个性的最佳方式，她总结了以下4点主要动机可以用来作为参考。

第6章 为经典优势打下基础

▶ 独立与成就

▶ 驾驭与风险

▶ 归属与享受

▶ 稳定与控制

玛格丽特·马克为这4点动机提供了12种不同的原型，可以帮助读者界定企业的特性，它们包括纯真无邪的人、探索者、魔术师、普通人、情人、创造者和看护者，等等。对于这些原型，作者进行了详细的描述。

你可以让所在企业的同事选择他们认为最适于描述企业业务的一两个原型，这可能会是一项非常有趣的测试。整个集体越是团结一致，协作努力就越会有效。

精明理性的企业思想家也许会问，定义企业个性有那么重要吗？坦白来说，人们不会与一家冷酷无情的企业建立联系。在情感层面上与用户建立联系是获得经典优势很重要的一步。

要做到这一点，你需要找出与《很久很久以前》书中所描述的一两个原型类同的品牌个性。不过不要选太多，不然会给你的品牌营造出反复无常的形象，那将令人难以信任。

经典优势

接下来要做的就是坚持。假如你突然改变了品牌个性，行为表现也与用户对品牌的理解有所偏差，就会让用户感到困惑。

我们来看一个深谙自身个性的企业案例。

要问哪家连锁酒店真正做到了完美迎合新潮群体，答案当属W酒店。它在官方网站上是这样说的：

"客人将进入绝妙的感官环境，在这里，轻松舒适的氛围、活力四射的休息厅、现代气息洋溢的客房以及创新口感的鸡尾酒和美食佳肴，带来的不仅是一种全新的酒店体验，还是一种奢华的生活格调。"

这是一家连锁酒店，但W酒店对自己的定义不止于此。它注重的是感官、活力和舒适体验。

如此鲜明的个性，让W酒店的母公司酒店集团（Starwood）轻而易举地将这个品牌扩展到其他相关产业，比如，价格更实惠的雅乐轩连锁酒店和喜达屋旗下酒店中开设的XYZ酒吧。它们也都是值得去消费体验的地方。

品牌承诺

承诺涉及的是品牌致力于向用户提供的服务保障。对用户的承诺是品牌 DNA 的一部分，公众能以一种不同寻常的方式真实地看到或切身体验到品牌的承诺履行。

承诺会受到宗旨、价值观和企业文化的影响。品牌承诺样板的范式通常是：

"（品牌名）承诺……，要做到……（非凡的事情）。"

这句表述不应该平淡或浅显，不应该基于理性特征，也不应该只是范畴层面的承诺。相反，承诺应该能带来情感收益，让人听上去能产生一些特殊的感受。

联邦快递就是一个很好的例子。

从前，美国的孩子每天需要光着脚走几千米去上学。那时，邮局是唯一提供邮递服务的机构，而邮件往往要一星期才能抵达。要寄国际快递，就得去窗口排队，而你的包裹需要几个星期才能送到目的地。

然而，这一切在 1971 年发生了改变。一家名叫联邦快递的服务企业诞生了，从此，这个行业再也不同以往。如今，联邦快递不仅提供包裹隔夜送达服务,还重新定义了以客户为中心的服务理念。

联邦快递在其秉承的承诺中声明:"让每一次联邦快递体验都超凡如意。"

联邦快递通过各种方式践行了这一点,一切只为提供最佳的客户体验。为此,联邦快递还创建了世界上第一个全球货件跟踪网络,成为第一家允许客户以电子方式要求提货的企业,也是第一家允许客户在互联网上跟踪物流的企业。

联邦快递用事实证明了这一点,良好的承诺可以成为创新的动力。

品牌差异

这是金字塔的最高点。品牌差异就是主要的技能、能力、特性、积淀、突出标志等一切能让你在竞争中占据优势的东西,是让你脱颖而出、成为用户首选的关键。

简而言之,差异点不仅能让你参与竞争,还能让你勇拔头筹。

能够立刻回答出自身独特之处的企业无疑是幸运的少数派。

许多企业最终都扑进了商品化的大泳池,供应的产品几乎都相差无几。既然你已经读到了这里,就表明你并不满足于在单调拥挤的浅水区里。

现在你可能已经明白,是你的独特之处造就了你的瞩目力,让你的产品在市场上独树一帜。你应该以差异点为灵感,开发出独具特色的经典招牌元素。如果能做到这一点,你将在市场上占据优势,进而从更有热情的客户群体那里获得更多的关注。

笔者的建议是,招牌元素不宜太多,要少而集中。一两个强大的招牌元素会比十几个相互竞争的元素要好。

保时捷911是汽车行业最具经典的剪影之一。许多汽车工程师曾认为,作为影响其车身造型的因素之一,保时捷911将发动机置于车身尾部的布局是一项重大的设计缺陷。

然而,正是这一"缺陷"一直是911的关键差异所在。

工程师们肯定会为此争辩。的确,发动机放在尾部会造成车身重量不平衡,从而导致急转弯时出现弹弓效应。看着后轮从车底滑脱,这种体验着实令人惊恐。

但正是这一设计缺陷,才让911如此独特。后轮承重会让发动机产生更大的扭矩和更好的加速度,驾驶者也需要勇敢无畏,并且要时刻注意小心驾驶。

经典优势

更重要的是,保时捷的设计师一直在不断地创新,开发出了新的招牌技术,来弥补这种弹弓效应。其中包括保时捷稳定管理系统(在转弯过程中保持车身稳定)、保时捷扭矩引导系统(在急转弯时选择性地将刹车施加到内侧车轮)和保时捷牵引力控制管理系统(允许四轮分别驱动)。

正是这种对关键差异点的不懈关注,成就了保时捷如今的经典地位。

整座金字塔如愿建成后,你就能更好地理解自己的业务核心。在你开始建立经典品牌语言文件时,对业务核心的正确理解至关重要。

外在成功始于内在驱动

成功的品牌总是容易辨认。它们超越时间,同时也保持了新鲜感和关联性;在发展熟悉度和一致性的同时,它们的业务也得到了扩展和增长。

制造业如此,服务业也同样如此,需要保持一致性。美国运通公司在这方面做得就极为出色。

美国运通卡不是一种产品，而是企业产品的一种化身，能在你买东西时带给你更好的额外体验。把一张运通卡放在桌上，说明你比那些把银行借记卡放在桌子上的人更专业、更智慧；如果你放的是一张白金运通卡，就说明你非常富有，并且经常旅行。

多年来，美国运通的产品始终如一。与其他支付卡相比，美国运通一直提供着更好的服务、更多的福利和更丰厚的回报。这些服务一直是企业业务的核心和出发点。客户相信美国运通会忠于承诺。这也为美国运通在市场上塑造了一个强大的差异点。如果美国运通改变了这些招牌元素，不仅违背了几十年来一直保持忠诚的用户的意愿，还将为企业带来毁灭性的灾难。

品牌DNA不可忽略

着手建立经典优势固然令人兴奋，但笔者建议你少安毋躁，先了解一下你的品牌DNA。

总而言之，你的招牌元素要具有关联性，而不只是为了不同而不同。这种关联性应该与你的品牌基底文化与深刻内涵保持一致。

> 此外，你的招牌元素最好能体现出你的关键差异；而你的差异点应当强化你对用户的承诺；你的承诺应当与你的品牌个性、宗旨和价值观保持一致。

当这一切都准备就绪后，所有事情就能整齐划一地进行了。

品牌 DNA 是你实施经典优势战略的基础，你需要确保你的品牌 DNA 坚实可靠。

第 7 章
捕捉经典品牌语言

经典品牌语言文件的作用绝不仅是限制。人们常常抱怨，品牌指南的存在会阻碍新的创意。而经典优势必须依靠创意才能蓬勃发展，所以，你需要建立一份能给人带来启示的文件。

经典优势

在雷·克拉克（Ray Kroc）开设第一家麦当劳餐厅的七年前，一对名叫哈里·斯奈德和埃丝特·斯奈德的新婚夫妇在加利福尼亚州的鲍德温公园悄无声息地开起了一家名叫 In-N-Out 的汉堡店。夫妻两人都曾在 20 世纪 40 年代服役，他们迫切希望能靠做小生意来养家糊口。他们的摊位很小，小到只有 10 平方米，但他们对食物的质量是否过关和味道是否正宗却相当在意。哈里对待食材的方式不像是在做快餐，更像是五星级餐厅的处理方式。每一位优秀的厨师都会说，一道菜做得好不好，食材质量是关键。因此，在每天天亮之前，哈里都会先到市场转一圈，精心挑选出当日最新鲜的食材，带回他狭小逼仄的厨房，在等待用餐的顾客面前精心烹饪。他的菜单也简单得出奇，因为他并不想满足所有人的所有需求。他只准备几种食物，但是样样精美。这种对质量的高标准要求成了 In-N-Out 的招牌，整个餐品也由此脱颖而出，品牌很快就闻名遐迩。就这样，In-N-Out 开始拥有了自己的品牌瞩目力。

即使在 70 多年后的今天，In-N-Out 仍是当着顾客的面，用新鲜食材现场制作餐点。你可以清楚地看到工作人员切土豆，切洋葱，准备生菜，整个流程既简单又透明。这种方法也延伸到了品牌所有者的经营方式上，他们既不上市，也从未开放过特许经营，甚至几乎从未对原始菜单做过修改（不过他们为熟客增加了"私密"菜单）。这种家族式的企业经营方式不仅强化了食品的正宗优质，也增强了企业的品牌持续力；既形成了 In-N-Out 的品牌基因，也成就了经典品牌语言的灵魂。

这种品牌策略确实非常奏效。几年前，旧金山政府批准了 In-N-Out 在历史悠久的渔人码头附近开店的请求。此前，从来没有哪家快餐品牌获得过这样的许可。不过说来也简单，因为 In-N-Out 代表着家族传承的真正美学，而这正是当地政府所要保护的。

有趣的是，In-N-out 的所有者的品牌扩展力策略与大多数人的预期背道而驰。他们没有选择大多数成功公司追求的爆炸性国际增长,而是细水长流,稳扎稳打。这反映了他们的家族式经营价值观,与大企业遵循的利润至上宗旨截然相反。出于对餐点质量的考量,In-N-Out 对所设店址与后勤配送中心之间的距离有严格的规定。因此,全美国目前只有 6 个州设有 In-N-Out 分店。

但这种小镇经营模式却没让他们少赚钱。目前,In-N-Out 的年收入超过 5 亿美元,企业估值在 10 亿美元以上。

而这一切,都是从一个比普通车库还小的汉堡小屋里开始的。

经典优势的推行指南

你已经了解了你的品牌 DNA,也已花费时间对招牌元素进行了识别和开发,现在该用你的经典品牌语言给它们下定义了。要知道,如果你的所有员工都各行其道,这些元素的存在将毫无意义。

你也许会想:"等一下,我们已经有了一份品牌指南手册,那还不够吗?"你只说对了一部分。一份品牌指南可以解决一半的问题,用来规定诸如经典 LOGO、颜色、字体排版、语调、图像风格之类的品牌构成要素。但我们现在需要进一步保护产品本身,目标是在保护产品的同时启发灵感。

经典优势指南不只属于某个部门。我们要创建一种工具,让企业中的每个人都能利用,帮助企业上下制定决策。因此,这份文件要便于理解。你也可以考虑在指南中为不同的部门添加特定部分,从而帮助这些部门的人员了解如何将这种思维应用到各自的工作中。

这份文件的创建灵感源自宝马集团旗下设计公司 Designworks 所创建的视觉品牌语言,它将成为你打造经典优势的战略核心。你的经典品牌语言做得越好,你就会越接近成功。

讲述完整的品牌故事

没有与世隔绝的产品。你的产品很可能存在于一个重要环境中,这个环境会影响你的决策,如果你在大型企业工作就更是如此。你的产品很有可能来自某个品牌,甚至属于更大的控股公司,因此,你的产品必须符合控股方的战略要求。

例如，多芬的男士腋下香体膏隶属多芬品牌，也属于多芬的母公司联合利华；健怡可口可乐是可口可乐品牌旗下的产品，可口可乐品牌归可口可乐公司所有。因此，所有这些情况都需要纳入理解与考量。

为了更好地理解这一点，你需要认识到这种环境对品牌产品和决策制定有什么影响，如图 13 所示。

图13　环境对产品和决策制定的影响

从图 13 中可以看出，首先你需要了解品牌的所有元素，这也是传统的品牌指南所做的。但我们将展示更多的内容，笔者在此希望你能更上一层楼。

在了解品牌元素的基础上,你需要界定特属于你的产品元素。这些元素包括风格、轮廓、声音、质地、气味、感觉和交互,它们都是品牌瞩目力的构成要素。除此之外,你还应列出品牌持续力的构成要素,其中包括你的品牌传统、故事、观点、代言人、宗旨和价值观。

列出所有这些元素后,就该着手确定如何发挥使用这些元素了。

保护与发挥

经典品牌语言文件的作用绝不仅是限制。人们常常抱怨,品牌指南的存在会阻碍新的创意。而经典优势必须依靠创意才能蓬勃发展,所以你需要建立一份能给人带来启示的文件。

你需要对每个元素进行概述,阐明受到的限制以及可供发挥的机会。不要只聚焦于边界,而要描绘出边界范围内的沃土,激发人们在特定领域内的创造热情。

例如,苹果公司产品的经典一直以优雅的比例居中设置在其产品上,同时,依然留有灵活的设计余地。苹果手机的经

经典优势

典是以哑光金属背壳为衬托的抛光金属；苹果笔记本的经典 LOGO 是白色的塑料质地，会在电脑开机时亮光；苹果电视盒子的经典 LOGO 嵌入黑色的塑料外壳。虽然经典的设计在一定程度上受到了品牌一致性的限制，但是仍然存在发挥创造性的机会。

因此，你需要了解每个招牌元素有什么可供发挥的机会，并把这些机会和限制都清晰地表述出来。

品牌发挥

你可能对著名的香蕉大王金吉达（Chiquita）的经典很熟悉，也有可能曾经把它的贴纸贴到你工作时用的显示器旁。因为具有鲜明的一致性，美国的这家国际果蔬出口公司的经典总是很好被辨认：椭圆形的外观，公司名称使用统一的紧缩字体，通常会突出显示一张线条画，画上的女士戴着用水果做装饰的帽子。

但是也有一些细微的变化，这取决于你看到的是金吉达的"新鲜、现货"（fresh & ready）香蕉，还是大芭蕉，或是金吉达小香蕉。

21世纪初，金吉达举办了一场竞赛，邀请公众为其经典开展新的设计。当然，竞赛并非毫无规则限制，金吉达仔细规划了品牌经典的哪些部分可以重新设计，哪些部分不能。这种对品牌和产品的理解方式，是每家企业都需要具备的。

经典品牌语言实例

关于对经典品牌语言的处理方式，举例说明会更容易理解。在此，笔者选取匡威作为例证，按照笔者的理解，大致解读了匡威的经典品牌语言矩阵。匡威在保护和发挥招牌元素等方面一直出类拔萃，成功维护了产品的一致性和新鲜感。图14所示为匡威经典品牌语言矩阵示意。

经典优势

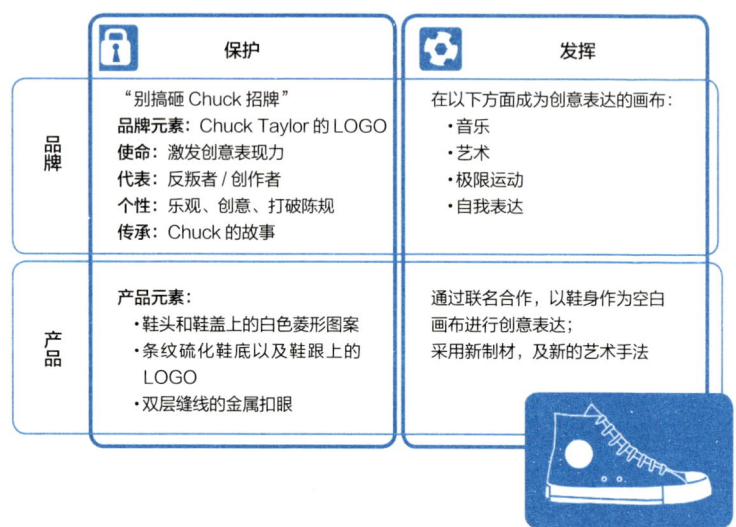

图14 匡威的经典品牌语言矩阵

受保护的元素

我们先从品牌级元素入手。这些项目或许已在品牌指南中得到概述,但你仍需确保对它们的定义符合你的经典品牌语言指南。

产品命名

新产品问世需要被命名。如果还没有名称,那么这就是你与用户建立联系的契机。

比如,给新产品起 XPR-588P 这样的名称,传递出的信息就是你对研发部门的时间轴系统比对用户更感兴趣。一个好记而响亮的产品名称显然是一种优势,有时能起到事半功倍的效果。

一致性依然是重中之重。在开发创建产品变体和产品线时,你需要考虑制定产品命名规则并保护产品的名称。此外,千万别错失良机,你应该通过产品名与消费者建立情感联系,向他们提供做出购买决定时所需的其他各种信息。

你肯定也不想让别人随意更改你的产品名。因此,你的工作就是对它进行明确定义并加以保护。这也是你的产品最基本的招牌元素之一。

品牌经典 LOGO

我们看过的每个品牌指南文件都注重对经典使用的管控。

经典优势

这些文件界定了经典 LOGO 的颜色、大小、限制和其他使用规则。这类规则对于媒体管理来说都很重要,但在数字时代,你需要想得更远。

无论你怎样努力保护,公众都可能会不经你允许随意使用你的经典,对此你必须接受。不仅如此,你还应该对此表示认同。

一个品牌唯一该驻守的地方就是用户的心中。在那里,品牌指南并不适用。而在那之前,你需要为之努力。

2011 年,可口可乐(Coca-Cola)在品牌经典的自由发挥上更进一步,用人们的名字代替经典,以可口可乐的风格样式把人名印在可乐瓶身上。虽然其余的招牌元素都保留未变,但这依然是颠覆性的创举。几年之后,依然有许多人还保留着印有自己名字的可乐瓶。

另一家以灵活设计经典著称的企业是谷歌。谷歌已经把自己的标识变成了一个游乐场,你不知道每天都会在这个网站上看到什么。有时是标准形态的经典,有时是纪念已逝艺术家诞辰的插图,有时则是一个充分互动的视频小游戏。

在这两个例子中,一致性仍然存在,企业行为依然一致。其他所有你期望看到的元素没有受到任何影响。

由此看来,即使摆脱固化的命令——控制模式,企业行为依然有机会与其产品及品牌保持一致。只要明确界定，就不会偏离正轨。

色调

大多数品牌都有明确的企业色调。在大多数行业，色调含义倾向模式化。企业似乎认为，比起引人瞩目的颜色，深蓝色更适合与企业形象挂钩，因为深蓝色象征着固守与值得信赖。

很多时候，企业的象征色调设计得过于严肃，会让人感觉企业个性只能千人一面。可以考虑划出一个可供发挥的区域，在什么情况下可以使用不同的颜色，什么颜色又是绝对的禁忌，所有这些都要以书面形式立下规定，用以做好对这一招牌元素的保护。

字体排版

字体排版往往也是品牌指南文件中受到最多限制的部分。你的排版就是你的沟通腔调，如若限制太多，就会显得单调乏味。

经典优势

就像颜色的使用一样，可以试着挣脱排版设计的镣铐，这能为你打开一个充满创造性机遇的大门。

腔调

并不是所有的品牌指南都会为品牌腔调单列一节，但在过去的几十年中，对品牌腔调的探讨日益流行。腔调的存在，是为了让人们认为所有的话都出自同一人之口，腔调是所有企业沟通的重要组成部分。

要确保品牌腔调有足够的发挥空间。你的品牌腔调需要具备足够的适应能力，去适应其他所有元素。如果你希望从情感层面上与个人建立联系，就需要摆脱企业公文套话的影响。因此，近年来"真实"成了热门词汇。

但你也需要跳出语言框架来表达行动。行动的力量永远胜过语言。和肢体语言一样，企业行为远比语言更有意义。

因此，不要只规划出可以使用的词汇，还要定义出指导品牌行为的准则。这比任何一套"如果怎样怎样，那就怎样怎样"的指令都有效得多。

在品牌层面上所需涵盖的内容还有很多，这些都只是最常见和最明显的领域。不论你界定的是什么，只要在界定规则与限制的同时确保还有可发挥的余地即可。

这些品牌层面的因素在你的经典优势中仍然发挥着重要作用。保证它们的一致性，有助于熟悉感和信任感的建立。而这些因素能否成为重要的招牌元素，就取决于你如何利用。不过，一如我们前面所说，不要止步于品牌层面。

既然如此，我们来讨论一下产品的重要元素及其使用规则，这些都是你应该考虑的。

招牌元素

招牌元素是经典优势的基础，因此需要加强保护。随着它们逐渐变得稳固牢靠，招牌元素的真正力量就能被释放出来。想做到这点，不能仅靠碰运气。

在瞩目力方面下的功夫够多，你就能为你的产品或服务找到或创造出恰当合意的差异点。这些差异点可以是功能、设计元素、独特互动、特殊感受、流程，以及其他能让你独树一帜的优势因素。

经典优势

> 要时刻铭记你做这一切的目的。那就是制造熟悉感。人们对你的招牌元素越熟悉,你的经典优势就越明显。

要突出哪些必备元素,突出哪些能让你的产品与众不同的关键点。现在我们逐一来确认一下。

如果是设计元素,请准确说明其使用方式。呈现方式、颜色、大小、材料、质地或其他任何你不希望被篡改的属性。说明必须清晰易懂,要让刚入门的设计师都能容易理解,并且不要留有任何假设。

当然,你的招牌元素也可能是无形的,例如声音、气味、口感或概念。尽管是无形之物,但这些元素仍然要独特出众并受到保护。

在服务方面,你同样需要考虑,用户的招牌体验会出现在什么时刻。你需要找出产品界面、用户体验以及其他用户接触点里的招牌元素。不论是无形元素还是有形元素,保持一致性都同样重要。

现在来确定一下诠释范围。招牌元素有哪些属性可以拿来自由发挥？颜色、位置、大小、质地、体积，还是气味？你需要提供一些大致的方向，让人们知道如何才能保持产品的新鲜感和趣味性。如果谁都不做这方面的尝试，产品只会变得过时而被淘汰。

20 世纪 90 年代，史蒂夫·乔布斯重回苹果后，这家公司就寻获了自己的设计"魔力"。它精简了自己的产品线，开发出一种设计战略，成功地让一切都附着了苹果的独特风格。20 年后，苹果依然坚定不移地遵守着这些规则。

举例来说，你很难在苹果产品上看到直角设计。从苹果笔记本的触摸板，到 iPad 的电源按键，再到 iTunes 播放程序上位于碧昂斯（Beyoncé）专辑下方的购买按钮，一切都是圆角的，这是苹果典型的类圆弧边缘设计。

苹果还特别关注其设备上最常用的交互点，将之称为"宝石"，并把它们设计得格外特别。如苹果手机的 Home 键，苹果手表的数码表冠盘（Digital Crown），以及 Mac 笔记本的触摸板。苹果对产品细节的极致注重，正是竞争对手所缺乏的。

这些元素并非随意设计而成，也不是简单一句"其他人没做过，所以我们来做"就能概括。相反，这些设计来自苹果对

经典优势

自身品牌 DNA 的理解,以及其在市场中的独有特点的定位。苹果非常注重用户体验、产品质量和设计策略,它的自我定位是开拓者,开拓新领域,挑战旧传统。这些招牌元素正是这一特点的凝练。

之前,你可能从来没有注意过这些招牌元素,但是现在,看到每一款苹果产品时,你都会不由自主的关注它们。

如何发挥经典品牌语言

经典品牌语言文件与其他品牌文件的区别之一,就是元素的可发挥性。在新与旧、一致与创新的交界处自信行走,是经典优势的重要体现。

对灵活发挥的包容非常重要。这种举措能让你的产品不断更新、保持关联、令人激动,也能帮助你逐步发展经典优势。

下面是可发挥元素的一些益处。

传承与故事

谁都爱听有趣的故事,全球的娱乐产业都是为此而生。对许多产品而言,故事就是其价值所在。故事产生价值,意义由价值赋予。

想一想,人们为什么会买纪念品?没有人会觉得,"那个定价过高、批量生产的微型比萨斜塔模型,我必须得买,因为它和我家客厅的装修风格完美匹配。"他们是为了讲故事才买的,这样他们就可以说:"我参观过这地方。那次旅行让我变得更有趣味了,你想听我就给你讲一讲。"

你可以利用讲故事的方式让产品更具内涵。

戴森吸尘器讲的故事就是一个有远见的发明家,他发明了更好的真空吸尘器技术。这个发明家走访了每一家制造商,希望他们采用这项技术。在屡遭拒绝后,他自己做出了这个产品。在了解了这个故事之后,我们就会自行为这个产品注入远见卓识、理想主义和坚忍不拔的特质。正是由于这个故事,与那些由德国工厂里某位不知名人士设计出来的普通吸尘器相比,戴森吸尘器对我们来说更有价值。在此基础上,戴森就有机会加工出一个更加完整的背景故事。之后，这个强大的背景故事就能发挥效用，帮助用户去认识这个产品及其创始人，以及产品背后的尖端技术。

每种产品都有自己的故事。这个故事讲述的可能是产品创始人、发明者、设计师、用户、问世过程或产品所参与的某个历史事件，等等。做好考察研究，然后写出你理想的产品故事，最好是能为你的产品添加某种价值的故事。

要做好这一点，你需要先确定故事的核心。不要采用线性叙事模式，这会让故事变得僵化，无法发挥创意。你可以从思考故事要素入手，例如，主人公、挑战、场景、关系、关键时刻、使命、决心等，阐明并守护这些要素，之后你就能以各种鲜活的方式讲述品牌故事了。你可以聚焦细节，可以从宏观的角度讲故事，可以详细描述故事中的角色，可以从不同人物的视角讲述，也可以假想未来的情形。机会无穷无尽，你的每段叙述都会让产品故事变得更加有力、更加充实。

附加的含义和关联性有助于加强你与用户之间的联系，让你们联结得更加紧密，这对品牌持续力的形成十分重要。

经典品牌语言文件不仅在经典优势战略流程起步时有效，它的价值也会随着时间的推移而增长。它会成为你开发产品时的指路明灯，让你的产品一年比一年卓越，且具有关联性。

新的战略机遇

参考一下我们的"保护与发挥"矩阵，你就会发现这是出现在矩阵右上象限的内容，其焦点是品牌该如何发挥。这些是新的战略增长机遇，是一系列可以发挥的区域，包括开拓新的消费细分市场、渠道和产品类别。

你的经典品牌语言文件应该清楚地列出这些机会。这会让你的设计师、营销人员、研发团队和其他所有员工明白，你的品牌未来将是什么走向，他们该如何将受到保护的品牌元素与新的战略机遇结合起来。

设计重塑

这是产品进化的焦点。矩阵中的"保护"部分帮助你不脱离正常轨道，保证新产品的迭代不会让人感到突兀。"发挥"部分则是要引导设计师朝正确的方向努力，为他们展示出最有可能发挥创造性思维的领域。

经典优势

久而久之，这种引导会让产品的每一次迭代都像是自然而然的进化，这种进化建立在过往坚实的基础之上。

变体、延伸与合作

经典品牌语言文件在打造品牌扩展力方面也发挥着重要的作用。在上一章中，我们研究了产品高端化和平民化，将招牌元素延伸到新产品，以及与其他品牌合作的机会中。这些机会也有可能为你带来新的业绩，同时让你有机会建立经典优势。

但是你必须足够敏感。一步走错，就很可能损害品牌的经典优势。

在更广泛的层面上，你的行为必须符合企业的宗旨和理念。如果你为了更多的收入而背弃企业宗旨，你将失去客户对你的信任，并摧毁你一直想与客户建立的联系。

你也需要保证招牌元素完好无损，没有变得面目全非。事实上，你最好采用变体、延伸和合作的方法来为你的招牌元素吸引更多的关注。这样做可以让你一举两得，既能提升经典优势，也能获得新的收入来源。

在涉及品牌合作时，这些方面显得尤为重要。与其他商业交易一样，品牌合作也常常需要谈判与妥协。但是，如果合作的前提是让你在招牌元素上做出妥协，那么这种合作不成也罢。

经典品牌语言为何值得拥有

需要 5 年乃至 10 年商业计划的时代已经过去了。世界变化得太快，恪守这类长期计划，遵循其中的过时假设，只会让你的决策不当。盲目向你的理想乐土进发，也只会让你错失新的机遇。越是严格遵守 10 年计划的企业，越是难以存活到完成 10 年计划的那一天。

这类计划关注的重点是确定的终点。而我们认为，对沿途旅程的关注同样重要。懂得因时制宜，远远胜过墨守成规。

好的经典品牌语言文件能给予你实时决策的信心。而这种信心反过来还能让你的思路更加灵活，让你牢牢把握住先机。你将铺开一层安全网，可以保护你的品牌在变化动荡中免受损害。

经典品牌语言文件还具有重要的长期价值。它让你立足于你的经典传统，你现在所做的一切，都稳稳植根于你过去

经典优势

的努力。

经典品牌语言文件还是一份决策指南,运用这些决策,可以帮助你建立起现在和未来的经典优势,防止你在发展过程中削弱瞩目力。在周遭环境发生变化时,它还能帮助你站稳脚跟,扩展规模,让你的产品保持别具一格的特色。

在这样一个不确定的环境里,这既是你通向未来的通行证,也是活在当下不可或缺的向导。

第 8 章
激活品牌经典优势

优秀的企业不仅会对招牌元素本身进行创新,还会围绕招牌元素带来的益处开展创新。它们的产品在市场中脱颖而出,成为品类效益的行业标杆。

经典优势

1987年,红牛走上商品货架时,所推出的不仅是一款新产品,还是一个全新的产品类别。在此之前,还从未有过"功能饮料"这种确切的说法。那纤薄的饮料罐和醒目的外观,让红牛一经上架就大放异彩,引发了极大的关注。

不过,除了推出新饮品外,红牛还推出了一种超越营销战略的新商业模式。

传统媒体依然是红牛接触用户的渠道,但除此之外,红牛还瞄准了一个完美契合其品牌精神的利基市场——极限运动。还有谁能比极限运动爱好者更需要冒险和刺激的呢?一群雄心勃勃的冒险家,不断突破界限、超越极限。而每当这些极限行为登上头条时,赞助商红牛的身影都会同时出场。

红牛因此大获成功。

这样的成功来自红牛最高层人物的卓越眼光和领导力。在德莱克·马斯特斯（Dietrich Mateschitz）投入毕生积蓄创办这家公司时，所有的人都认为他疯了。德莱克·马斯特斯深知，品牌化是产品成功的核心，因此，他开始与自己的老校友约翰尼斯·卡斯特纳（Johannes Kastner）合作，一起对品牌设计、基调和框架进行研究。这种合作关系贯穿红牛品牌发展的始终。

依靠这种坚如磐石的品牌能力，红牛达到了大多数企业望尘莫及的一致性高度。红牛从未动摇过自己的初衷，它始终清楚自己的宗旨，了解自己的用户，即使在业务朝着意想不到的方向发展时也依然保持专注。公司的这种坚韧理念成为红牛铸造经典的招牌元素。

找对了团队，为团队提供了适合的工具和资源，让整个团队都朝着正确的方向发展，正是这些举措使红牛得以"插翅腾飞"，也造就了红牛的经典地位。

上一章的内容围绕着经典品牌语言文件的创建展开，有极强的启示性作用。文件的内容涉及品牌的结构、系统和员工，你需要将之融入自身业务，并且拥有恰当的能力灵活运用，否则你的经典品牌语言文件就只能陈列在架子上，积满灰尘，毫无效用，什么都无法改变。

你已经拿到了宫殿的建筑图纸，而其他人一直都没有什么变化，还在修建他们的简陋小屋。

我们谈的不仅是梦想，还有实现梦想。

恰当的能力要有恰当的地方发挥。你需要制订好你的商业成长计划，将所有的想法渗透到公司的投资组合管理中。

好在这并不复杂，也不是特别烦琐。但要想获得好结果，偷工减料绝不可取。激活经典优势战战略的关键在于汇集合适的能力；要制订专注于打造瞩目力、持续力和扩展力的商业计划，需要从企业层面出发，管理投资组合，实现经典价值的最大化。

在本章中，我们将概述你需要实施的所有内容，并描述关于创建和管理经典增长的不同步骤。

创建经典品牌的商业能力要求

根据全球创新公司 Doblin 的说法，商业能力由 4 部分组成。这 4 个部分能为经典优势的构建提供良好的框架。这些能力具体包括以下 4 点。

1. 组织设计

2. 行动方案

3. 能力和资源

4. 指标和激励措施

组织机构若要突然发生巨大变化,唯一的途径就是处理好以上 4 点内容。这四点内容必须同时满足,才能创造出一个有效的生态系统。

这当然不是一项简单的任务。不要指望仅仅做出些许调整就会收效显著。最好的办法是让合适的利益相关者参与进来,让他们共同努力,培养出既可持续又健康有效的能力。下面我们来深入了解一下该如何做到这一点。

组织设计

1. 自上而下获取支持

经典优势旨在改造企业。如果没有合适的领导人选,这一点也是无法实现的。

显然,这种改造应该从最高层做起。那些最具经典的产品都享有从 CEO 到基层每个人的支持。无论这些企业对经典优势战略如何命名，他们都熟谙对这一战略进行投资的必要性。

2. 指派所有权和责任

指派一位拥护该战略的责任人，让他负责进度反馈。这个人将扩大经典优势战略的影响力，每个服务于这一战略的人最终都要对这个战略负责。

以此为基础，你需要组建一个团队来激活这项战略，团队成员通常包括来自其他企业职能部门的领军人物。这是因为，如果经典优势战略的实施能渗透到企业的每一个部门，该战略就能发挥出最佳作用。这些人员将负责明确如何在各自的领域发挥经典优势，并配之以相应的行动，把目标变成现实。

重要的是，团队的目标及激励措施需要与发展和保护经典资产的任务保持一致，这表明，企业会关注并致力于经典优势的发展，而团队中的每个人都会在其中发挥重要作用。

3. 提供经典优势预算

发展经典优势是对企业未来的投资。如果你是认真的，你会分出一笔预算来保障这一优势的实现，当然，我们确信你是认真的。发展经典优势需要时间、人才和资源,而这些都不会免费到手。你对经典优势研究投入的越多,能得到的回报就越多。

这笔重大投资有充分的财务理由。正如我们之前所提到的,经典品牌的专营权比非经典品牌有利可图得多。投资打造经典产品,就是在给你的产品一次更好的机会,让它为你带来更可观的利润和长远发展的契机。持续投资经典产品只会不断增加机会。

最重要的是,经典优势不仅有长期回报,还能带来不错的短期和中期收益。

不过先别说大话,拿出实际行动才是正道。

行动方案

1. 系统化经典品牌语言

在理想的情况下,你组建的团队将参与创建前文中所概述的经典品牌语言。如果团队成员能在参与创建的过程中感受到所有权,那么他们可能就会更积极地采取行动。

这个团队所负责的工作,就是在适当的时机为产品注入经典品牌语言。这个时机存在于全部流程中,从产品开发到市场营销，从资源分配到财务管理。

例如，在设计产品时，团队应在最初帮助落实设计纲要，在设计过程中提供灵感，在设计完成后帮助评判设计理念。

你当然要以经典品牌语言为依托评判情绪板（情绪板通常指一系列图像、文字，样品的拼贴，它是设计领域常用的表达设计定义与方向的视觉做法），这涉及产品设计的各个阶段，服务产品的用户体验和用户界面的开发，以及发展和实施营销活动的各个阶段。

在选拔招募候选人时，在正确做出买断或抛售企业的决策时，在选择合适的零售商上架产品时，经典品牌语言都担任着重要的角色。

经典品牌语言文件的应用取决于企业本身。但是一切听之任之只会导致它被遗忘。你需要确定何时、何地、如何运用经典品牌语言，使之达到功效最大化。

记住，经典品牌语言不应是静态的文档。你应该与你的团队一起，定期评估和更新思维方式。假如世界没有停滞不前，你就不能指望曾经的某个想法可以永远适用。这也为你提供了一个很好的机会，来探讨什么可行，什么不可行，哪些方面可以继续改进。

2. 让你的经典品牌语言保持活力

大多数员工可能会对新举措持怀疑态度，他们或许会认为，引入经典优势战略会造成不便，或者只是管理者心血来潮。要得到他们的支持，可能需要多做些努力。

别指望把文件打印出来放到他们桌上能起什么效用，通过电子邮件给他们发送文件链接可能也起不到作用。你需要向相关人员解释这份文件为什么重要，为什么需要得到他们的支持。要让文件与他们息息相关，要向他们展示出文件内容蕴含的机遇，解释清楚这并非给他们额外增加的工作或扰乱他们现有的工作计划和流程。

你要做一名热忱的执行者，把经典品牌的语言传递给你招揽的人才。但你也要记住，改变行动重于改变观念。行动会结出硕果，理论将随之而至。

能力和资源

1. 汇聚适合的人才

确保团队人员的技能组合恰到好处。若想建立强大的瞩目力和持续力,你的团队就需要适应创新与守成的结合,需要明白保护并发挥招牌元素的重要性,需要了解过去,放眼未来。

因此,下面的一些技能可以用来作为参考。

▶ **组织能力**

战略实施上要下功夫。团队中需要有懂得计划流程并督促项目完成的人。

▶ **分析能力**

设置并重视 KPI(Key Performance Indicator,关键绩效指标),以了解经典优势战略是否有效。

▶ **创意能力**

经典优势战略对创意的渴求度极高。为了创建招牌元素,团队中需要有人负责把大家的灵感引入对的方向,从而长久保持产品的创新度。

▶ **倡导能力**

要让整个企业都赞成经典优势战略,即使是对持最强烈怀疑态度的员工,也要与之分享看法和交流心得。

▶ **借鉴能力**

团队需要借鉴过去,并具有历史视角,从既往的经验中获得教训。

▶ 定向能力

需要有人协调所有因素，对经典优势战略的成功负起最终责任。这个人可能就是你。

2. 管理产品生命周期

想要产品与用户保持相关性，就需要管理产品的生命周期。在这个过程中，你所做的决策将是产品获得长效成功的关键。

首先，你需要创建一份多年的生产线路图。笔者的建议是向前回溯 3 年左右，覆盖产品的若干版本。这需要你对产品的发展方向有一个清晰的认识，让产品在每次更新后都变得更强大、更有关联性。你还需要在新与旧、新鲜与熟悉之间找到恰当的平衡；这一点因行业和品牌的不同而有所不同。你的目标是要持续存在，是刺激消费者回购。

也许有一天，你的产品会"失宠"，而你对此无能为力。这可能是因为产品过度商品化，或是因为产品属于更新迭代较快的时尚类型。倘若真是这样，那么最明智的选择也许是将产品撤出市场，收入品牌库中。与产品有关的一切信息，你都要尽可能存档，从材料、制造过程到包装和营销信息，还包括产品的经典品牌语言等。一切所需材料都归档之后,也许有一天,你还能将之作为一种复古潮流,重新带回市场。

3. 寻找适合的合作伙伴

只有内部团队还不够,还有一些工作需要外部的协助合作。

合作联系够强,会让你变得更强。合适的合作伙伴会增强你的品牌瞩目力,并有助于拓宽你的市场。不过要确保你们拥有相近的价值观和战略目光,否则你们的合作只会淡化你的经典优势。

无论是产品合作还是媒体合作,抑或是寻找独家分销商,选择合作对象于你而言都是利用对方经典优势的机会。如若对方的受众关联度很高,这份合作还有可能让你进入对方的市场。借用其他品牌的持续力来提升自己品牌的持续力,也会是十分有效的方法。

实际上,你的一些合作伙伴还有可能是你的用户。用户关联度高的产品会自然而然地把一些志同道合、热情洋溢的人联结到一起形成品牌社区。如果你的现有产品符合这种情况,那么,让这些社区中最有影响力的一些成员以某种方式参与进来,或许也是个好主意。毕竟,如果他们觉得,你的改变只是为了自身利益,而与他们无关,就很容易导致你与忠实用户之间的疏远。不要小看了品牌社区的力量,这或许将是你成功的关键。

耐克在品牌历史管理方面独辟蹊径。它明白自己在用户心中的位置,也知道球鞋迷们对其产品的认同程度,很可能比公司的任何职员都更热衷于捍卫自己的品牌历史。

因此,耐克利用狂热的球鞋收藏群体,组建了一个兼职的品牌历史学团队。耐克将这些人命名为品牌历史学家。这些人甚至愿意把家里的车库改造成耐克的小型博物馆,里面装满他们珍贵的球鞋收藏品。

并且,这些人非常乐意花时间谈论或在博客上分享他们热爱的东西。对他们而言,认可还在其次,能为自己喜爱的公司品牌的未来献上一份力,才是最重要的。

并非每个品牌都能拥有这样热切的追随者,但对于那些拥有热切追随者的品牌来说,这种举措可以成为与用户群体进行互动的强效手段。

指标和激励措施

彼得·德鲁克(Peter F. Drucker)有句名言经常被人引用,在此也非常适用——"无法衡量,就无法改进"。

经典优势

若想不断建立和提高品牌的经典优势，就需要了解品牌的瞩目力、持续力和扩展力效果。以下是一些衡量标准，你可以对号入座，跟踪一下品牌的进度。

1. 品牌瞩目力

在年度品牌健康追踪分析中添加一个量化指标，来衡量品牌瞩目力。这样做的目的是，找出你的产品或服务与竞争对手相比有什么独特之处。

为了了解你的招牌元素有多强大，还应该伴随使用定性研究法（Qualitative methods）。可以使用简单的客户面板（customer panel），看看客户对你的招牌元素的识别情况，他们为这些元素赋予了什么价值。

在了解了你的招牌元素后，就可以采用离散选择法（Discrete choice approach，缩写 DCA）进行并行的量化测量，来查看你的产品的进展情况。

2. 品牌持续力

同样，你应该在你的年度品牌健康追踪分析中加上另一个指标，用来衡量关联性。你可以进一步细分，衡量持续力的 4

个关键品质——熟悉度、内涵、愉悦感及兴奋感。

3. 品牌扩展力

添加到你的年度品牌健康追踪分析中的最后一个指标，是提示知名度和未提示知名度。你可以更具体地将之扩展到关键招牌元素，以了解人们对这些元素的理解和记忆程度。

制订商业计划和实施战略

一旦团队组建成功，所有成员都要以发展经典优势为目标，团队成员的首要工作就是一起为经典优势制订出一套商业计划和战略，其中主要内容包括以下 3 个方面。

专营权目标与期望

设定一个明确目标，在已确定的用户群体中建立经典地位。这样做的目的，是成为你所在的市场类别中拥有经典收益的典范。

经典优势

从哪儿着手

接下来,你需要确定你想在哪一个商业领域中成为行业经典,并相应地确定消费者的细分市场、产品和服务的细分市场、渠道和地理位置。笔者建议先从一个较小的细分市场开始,再逐步拓展。

如何制胜

范围找准后,就要积极制订经典优势的制胜计划。列出在竞争中强化瞩目力和持续力的方法。

制订创新增长计划

适时从战略中提炼出详细的计划。首先,要制订包括行动要点、责任和财务目标的多年计划。经典优势可以产生短期和长期的财务影响,因此,理应将其纳入盈亏预测。

笔者建议你运用时间轴进行能力与活动的规划,并为其分配预算。用三到五年的时间完成这项工作,并明确你的产品开发周期、创新计划和营销活动中的关键点。

制定设计方案,增强瞩目力

在你的设计方案中,第一步就是要创造和保持品牌瞩目力。你需要采取举措,来保证招牌元素的强效发挥,使之一直超凡出众,受人瞩目。这些招牌元素是你皇冠上的宝石,需要设计师持之以恒地弘扬其光华。

其次,如果你想在竞争中保持领先,对产品新鲜度的保持同样重要。这需要一个多年的设计方案。产品的更新频率取决于你所在的行业,但是一旦你停滞不前,你就很容易受到打击。在发展如此迅速的市场环境中,只需一夜,你就有可能脱离市场。

▶ 计划好产品的更新频率。如果无法确定,就先采用常规试错。将这些更新安排到工作流程中,用经典品牌语言进行引导

经典优势

和启发。

> 把合作关系纳入计划。联名合作与特别款产品的推出,可以让你在保持产品新鲜度和相关度的同时,不断扩大你的受众群体。

发展创新渠道,维护品牌持续力

你还需要考虑,产品开发是否要超越产品的设计美学。招牌元素的打磨应是持续进行的工作。你需要定期改进、完善你的招牌元素,使之越来越强大。

耐克在这方面做的极为出色。在耐克 Air 运动鞋的鞋底上,空气气垫已经从最初 Air Max 鞋后跟上的一小块可视区域,发展到目前设计的铺满整个鞋底。耐克在强化了这项设计优势的同时,也让这一招牌元素更加清晰可见。

优秀的企业不仅会对招牌元素本身进行创新,还会围绕招牌元素带来的益处开展创新。它们的产品在市场中脱颖而出,成为品类效益的行业标杆。

在前文中,笔者分享了亚马逊的案例。亚马逊坚守"客户无须耐心等待"的原则,为此不断完善"一键购买"功能。亚马逊完全专注于既有优势,甚至不惜以蚕食现有业务为代价,这也成为亚马逊保持关联性的恒久保障。

以这种模式发展招牌元素,会拉大你的产品与替代产品之间的距离。你将更难被模仿、超越。你的用户将一直对你保持兴趣并继续为你的产品刷卡买单。

除了创新招牌元素外,你还应该考虑利用现有的招牌元素开发新的创意产品。正如我们在前文中所描述的,你可以对产品进行升级销售、降级销售或通过合作为现有产品打开新的市场,带来新的机遇。你或许也有机会开发相邻产品线。总之,要确保每件事都基于你的瞩目力和持续力,而你与用户的联系也能因此得到加强。

制订营销计划,增强品牌扩展力

前面我们已经提到过,经典优势能将营销的力量注入产品本身。因此,广告和促销的目的只是为了吸引人们注意招牌元素,而不是哗众取宠,制造噱头。你需要不间断地进行这项工作,同时又不能一味固守成规。为此,你需要制订一个短期和中长期计划。

品牌故事和宗旨属于招牌元素,它们在你的经典品牌语言文件中应该已经得到了概述。这些内容需要得到企业内外的一致解读,但这并不意味着你要在同一件事情上循环往复。否则,你只会成为缺乏想象力的扮演者(而你显然不该是这样的)。

把你的品牌故事想象成一部长期连载的漫画主角,就像是《丁丁历险记》中的主角丁丁。在丁丁的许多冒险经历中,他的角色始终保持着绝对的一致性,你的品牌故事也应该如此。你应该从不同的角度传达出一致的信息,让你的招牌元素能够通过各种渠道得以尽情展现。

这需要强效的领导力。如果你正与一些广告机构合作,就向它们详细说明情况,聚焦于可以发挥的机会,而不是专注于你所施加的限制。谨慎选择你的合作媒体,让它们忠实地传达出你想要传达的信息。

别被那种典型的叫卖式信息传递法蒙蔽。好的招牌元素会让你的产品与众不同,并与用户保持关联。你应该选择一种适合自己的营销方式,将你的产品呈现到大众眼前。

花点时间做个计划,确定你的目标及如何达成。同时,还要衡量你的进展情况,以保证计划可以正常运行。

看过杰克·丹尼(JACK DANIELS)广告的人,应该都知道田纳西州(State of Tennessee)的林奇堡。这是个古老闭塞的偏僻小镇,全靠杰克·丹尼的威士忌酿酒厂维持活力。在那里,人们的行事方式一如19世纪脾气古怪的老杰克,而许多在酿酒厂工作的人看起来也像是来自那个时代。

当然,这可能不是对情况的准确描述。为了满足大众对杰克·丹尼威士忌日益增长的需求,这家酿酒厂最近进行了大规模扩张,还扩充了产品线,制造出一些有趣的变体产品,并由此开拓了新的市场与销售机会。

但是,丹尼酿酒厂采用黑白广告手法讲述着始终如一的品牌故事,故事体现出传统价值观和小镇的精神,酒厂的经典产品作为结束符,出现在每页广告的右下角。这一决策既清醒又明智,使广告传递出的每一条信息都让品牌故事更显神秘,同时也强化了品牌的特征。

杰克·丹尼酒厂的广告代理商证明,企业能够年复一年地讲述同一个品牌故事,并且讲得既新颖又有趣。这是一种方式,与杰克·丹尼具有经典的酒瓶一样,如若变更,就是犯致命错误。

经典优势

开发经典投资组合管理实践

近年来，对盈利部门的过度施压，以及对新兴之秀的过度投资成了商业思维中的一大误区。并不是说不应该投资新兴产品。事实上，你绝对应该投资新兴产品。但是一味挤压和忽视你的盈利部门将会导致机会流失。经典产品的专营权会带来高额利润，因此我们认为，比起竭泽而渔，对经典专营进行投资开发才是更明智的选择。

在做出投资组合决策时，不能仅将增长和市场份额作为关键品质进行关注，笔者建议结合使用以下几种经典优势投资组合矩阵，如图 15 所示。

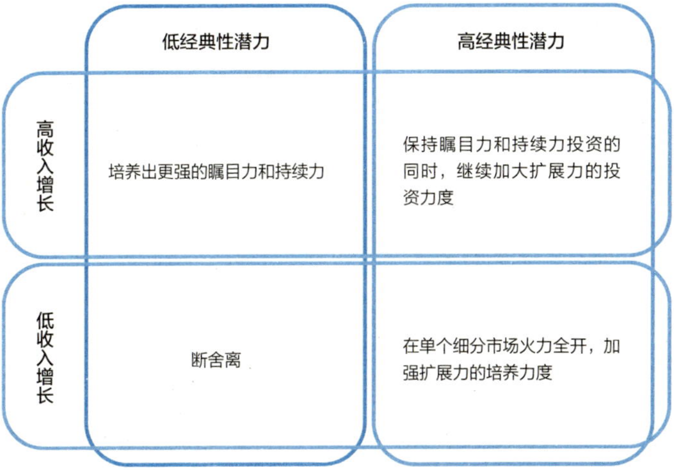

	低经典性潜力	高经典性潜力
高收入增长	培养出更强的瞩目力和持续力	保持瞩目力和持续力投资的同时，继续加大扩展力的投资力度
低收入增长	断舍离	在单个细分市场火力全开，加强扩展力的培养力度

图 15　经典优势投资矩阵

收入增长和经典潜力是我们所关注的两条轴线。右上象限中的内容是我们的最佳目标，这一目标达成了，意味着你已经最大限度地发挥出你的经典潜力，并将获得相应的利润回报。以下为具体象限中的内容分析。

经典优势

高潜力高增长

如果你的产品已经取得了成功,并且很有可能取得更大的成功,那真的是非常幸运!你要做的只是放大产品已经拥有的经典优势。

你在这方面的投资将大部分用于开发产品的扩展力。但是作为产品生命周期管理的一部分,你还需要不断发展产品的瞩目力和持续力。这是每个品牌都渴望进驻的目标象限。

高潜力低增长

如果你的产品拥有潜在的较强的瞩目力和持续力,却未能扩展它,那么这就是你所在的象限。在这个象限中,首先你要确定最重要的细分市场,成为该市场内部的经典品牌。其次,你要在这个小小的商业市场中加倍努力,去提高扩展力。你必须先赢得该细分市场受众的青睐,再去考虑扩展你的商业版图。

高增长低潜力

这针对的是已经取得成功但缺乏强大经典优势的产品。在这个象限中，你要做的是让你的产品从竞争中脱颖而出，帮助你在情感层面上与用户建立联系。笔者建议你先致力于构建招牌元素，实现有价值的差异化。有了这样的基础后，再投资于持续力的培养。如果你成功地做到了这一点，你将吸引到更大的市场份额，同时也将更有机会吸引到长期的"回头客"业务。

低增长低潜力

低增长、低潜力的产品情况就有些棘手了，如果你或你的企业对现有产品抱有情感依恋就更是如此。但是，假如这个产品对你的商业事宜毫无益处，你就该断然舍弃。你可以选择剥离，也可以将之存档。但不管怎样，你不得不承认，把来之不易的资金花在糟粕上，实在不值得。

使用这一框架来评估企业的所有产品。是为了获得各种不同的观点，评估可以在团队中进行。之后，再设定切实可行的

经典优势

目标，努力向着正确的方向前进，发挥出最大的影响力。

打造用户首选的经典产品

要踏上经典优势之旅，首先得有目的地。在那里，你的产品将是你的用户在该产品类别中最先想到的选择。

其次，你需要制定一份战略路线图，列出你将如何从现在的位置到达这个经典的制胜之地。

最后，你需要一辆引擎强劲、燃料充足、配有替换胎和称职司机的作业车，沿着路线图的指示行驶。这辆作业车就是你的战略能力。你需要拥有恰当的员工、流程、资源和公司投资组合管理实践，才能将你的经典优势变为现实。

没有与之匹配的能力，打造行业经典的理想将只能是痴人说梦。

第 9 章
强效推行经典优势战略

比起颠覆性的创新战略,经典优势战略所要承担的风险会更小。在已有基础上进行创新,意味着你已经有了产品(或服务)、生产和分销的基础,也已经拥有受众,而这是最主要的原因,这是你的基业。经典优势战略就是立足于现有资产,从中获取最大价值与利润。

经典优势

如你所见,经典优势战略并不特别复杂。它始于一种雄心壮志、战略宏图,就是拥有你所在类别中最具经典的产品。你需要遵循以下 3 项原则。

1. 开发招牌元素,发展品牌瞩目力。
2. 建立功能上与情感上的永久关联,增强品牌持续性。
3. 进行产品扩展、营销和分销,构建品牌扩展力。

这些原则拓宽了品牌逐步成为经典并保持经典地位的可能。而这些原则同样适用于现有的经典产品专营权、有潜力成为经典的现有产品专营权,以及仍在发展中的新业务。对于服务和产品而言,这些原则也同样重要。

为新业务奠定坚实基础

如果你正处于一项新业务的规划阶段,从经典优势着手会给你带来良好的开端。从一开始就建立起强大的瞩目力和持续力,比后续发力要容易得多。这些能力将帮助你的产品从竞争中脱颖而出,并与你的目标市场保持相关。并且,即使在预算不多的情况下,这种从最初就将营销融入产品的商业战略,也能让你的广告效益更见成效。

这是最有可能让你的新业务获得成功的方式之一。

成就名副其实的"优势"

我们把这项战略称之为经典优势战略,其实师出有名。这一战略旨在让品牌产品在竞争中占据优势。瞩目力可以帮助品牌在市场中获得更高份额的关注,持续力则能让品牌比竞争对手更贴近用户。

在拥有大量非专利产品的行业中，经典优势尤为重要。但是，对于创新行业中的科技初创企业，尽管竞争者不多，这一优势也能带来至关重要的地位提升。毕竟，人们通常不会知道排名第二的图片分享社交媒体网站是什么，也不会清楚谁是第二大最受欢迎的夜间租房网站。当你身处一个由选择主导市场的行业时，你需要比其他候选者更有特色、更具关联。

要知道，散发浓烈气味的奶酪永远比花哨的捕鼠器更有效！

严格执守经典优势战略

创造经典优势其实并不难，却也需要一些准则约束。在商业领域，假如不给出承诺也不付出努力，就不可能收获好的结果。

经典优势战略最难的部分，就是严格遵守规则、从一而终。人们很容易被新奇闪亮的东西所吸引，因此，不要让这些东西分散你的注意力，也不要因此偏离正轨。

在发动人员对传统产品进行更新时,你可能会遇到挑战,这取决于你所在企业的特点。你的同事可能会觉得这过于守旧,不会像推出新产品那样兴奋地对待这类产品。你需要努力宣传美好的愿景,说明这一步为何重要,并提供适当的内部认可和相应奖励,只有最优秀的人才值得拥有"传家宝",这对所有希望能独当一面的人来说都是意义非凡的考验。

改变现状的勇气

经典优势战略不能浅尝辄止,想掀起波澜、触及本质,就必须全力以赴。我们发现,那些凭借经典优势取得成功的企业对经典品类优势的维护是如此虔诚,乃至不惜蚕食现有业务也要开拓有力商机。

例如,亚马逊对 Kindle 阅读器的开发无疑侵蚀了其纸质书的销售;苹果 iPad 的推出仿佛在诱导人们忽略购买 MacBook 笔记本。这种举措从某种角度出发很难做到,可能会导致一个部门的基础建设和员工因另一个部门的成功而受到影响。

当然,这种情况也可能会激活企业的"抗体",会被视为遭到威胁而抑制。如果你任由恐慌情绪蔓延，问题也会接踵而来。管理这种举措必须有强效且坚定的领导力。但从长远来看，这仍是最好的方法。

为什么要推行经典优势战略

当然，这个问题我们已经讨论并回答了很多次。在此，再次重提是为了更好的提醒与建议。

首先，是财务原因。这一战略并不需要巨额花费。你可以利用现有的员工和基础设备来承担整个实施过程。

比起颠覆性的创新战略，这项战略所要承担的风险会更小。在已有基础上进行创新，意味着你已经有了产品（或服务）、生产和分销的基础，也已经拥有受众，而这是最主要的原因，也是你的基业。经典优势战略就是立足于现有资产，从中获取最大价值与利润。

在对现有资产的利用上，经典优势战略可以帮助你创造出更多的利润，让你在扩大规模的同时降低生产成本，并让用户认可你的产品的历史情感价值，从而接受更高的售价。

其次，这也是一种相对简单的策略，比构建新功能更容易实现。由于利用了现有资源，这一策略不需要太多新的技术，更需要的是强大的领导力与企业上下的坚定决心。那些拥有最多资源和影响力的企业会更容易受到新奇事物的引诱，因而更要努力坚守自己的方向。

最后，如果你想在企业中做出些成绩，成为企业支柱，遵循经典优势战略就是你完成目标的最好方式。你会对企业的短期和长期成功产生根本性的影响，以更持久的发展方式把你的产品提升到比竞争对手更高的水平。这也是每个商业人士都渴望获得的结果。

可以赢得更多的利润，更容易操作，也有助于职业生涯的发展……所有这些都是推行经典优势策略的理由。然而你要知道，推行这一战略还有更深层的含义。

回归以人为本

美国面包巨头 Hostess 宣布停产 Twinkies 时，公众的反应极其强烈，他们不一定经常吃这款夹馅面包，但是这款产品在他们的心中占有重要的一席之地。它属于人们过去美好的记忆，谁都不愿去想象，自己有一天将无法重温那段过去，无法与其他人在未来共享这样的体验。经典品牌总是有能力让人们心生感触，而这就是它的独特之处。

笔者希望这本书能让你理解经典品牌的重要性，因为在用户使用这些品牌产品的同时，这些产品也体现着用户的个性。如果你有耐心读完这本书，就说明你可能有自己非常在意的品牌，你希望能把它提升到经典品牌的水平。

让品牌具有经典，这对品牌而言颇有裨益，也对每个用户来说都会从中获益。

无论承认与否，我们每个人都对一些品牌情有独钟。我们对这些品牌的态度就像对待美好浪漫的故事一样。我们不希望看到故事终结，我们希望这浪漫的爱能在生活中留存。我们愿意为之全力以赴！

作为品牌的管理者，让这份爱永葆鲜活，就是你的职责所在！

笔者希望，你们能坚持不懈地发展产品的经典优势。笔者也希望，在这个过程中，你们能向这世界传播更多的幸福、快乐与意义。

致谢

感谢我们的同事、朋友和家人。在我们冒险踏上这段旅程，在自我发现和怀疑，以及在无穷无尽的好奇心和不可避免的迷茫之间循环前进时，他们对我们一直如此耐心。感谢你们给予我们的爱与支持。

感谢我们优秀的内容顾问——朱迪·陈、夏峰、安·科西特肖蒂亚娜、卡琳娜·克鲁格、阿南德·穆拉里达兰、巴维什·奈克、金·王、西蒙·怀特和菲奥娜·兹维布（Judy Chen, Xia Feng, Ann Kositchotitiana, Karina Krulig, Anand Muralidaran, Bhavesh Naik, Kim Wang, Simon White, Fiona Zwieb）。是他们阅读了我们粗糙无比的提案和手稿，帮助我们厘清思路，让我们的

经典优势

表述更清晰、更简洁，也更具有说服力。

感谢众多的思想领袖——阿恩·阿伦斯、丽莎·博德尔、乔纳·伯杰、理查德·巴特菲尔德、安德烈·坎内洛尼、佐伊·钱斯、亚历克萨·克莱、伊恩·道格拉斯、阿德里安·埃伯哈特、希瑟·弗雷泽、杰里米·古彻、亚当·格兰特、安德鲁·赫图、爱丽丝·井上、拉弗蒂·杰克逊、皮奥特·朱斯凯维奇、阿迪·哈扎伊、帕克·李、爱德华·马迪、佩吉·麦卡利斯特、米奇·墨菲、布莱恩·奎恩、杰尼安·雷、汤姆·拉斯、丹·罗安、马克·佐托、蒂莫·施密特·艾森哈特、保罗·斯特德、钱德拉·苏尔巴特、乔伊·托马斯、多萝西娅·沃尔佩、文斯·沃龙、菲尔·瓦格纳、大卫·沃尔夫以及加森·雅普（Arne Arens、Lisa Bodell、Jonah Berger、Richard Butterfiel、Andrea Cannelloni、Zoe Chance、Alexa Clay、Iain Douglas、Adrienne Eberhardt、Heather Fraser、Jeremy Gutsche、Adam Grant、Andrew Hurteau、Alice Inoue、Rafferty Jackson、Piotr Juszkiewicz、Ardy Khazaei、Parker Lee、Edward Mady、Peggy McAllister、Mitch Murphy、Brian Quinn、Jeneanne Rae、Tom Rath、Dan Roam、Mark Sato、Timo Schmidt Eisenhart、Paul Stead、Chandra Surbhat、Joy Thomas、Dorothea Volpe、Vince Voron、Phil Waggoner、David

Wolfe、Garsen Yap）。他们的思想推动了我们的思考，让我们可以做得更好，想得更长远也更具体。

感谢达布尼·赖斯、香农·马文、利兹·怀斯曼、内娜·奥斯曼、奥斯汀·米勒、安东尼·齐卡迪、迈克尔·威尔逊、比莉·布朗内尔和莎拉·亨尼根（Dabney Rice、Shannon Marven、Liz Wiseman、Nena Oshman、Austin Miller、Anthony Ziccardi、Michael Wilson、Billie Brownell、Sarah Heneghan），感谢这些出版团队成员的专业知识和技能支持。感谢大卫·帕尔默（David Palmer）和保罗·斯特德（Paul Stead）的设计和创意指导，感谢罗米娜·昆斯塔特、凯利·施拉姆、雷切尔·麦克唐纳、塔拉·贝蒂耶、托里·马拉和凯蒂·布拉德利（Romina Kunstadter、Kelly Schram、Rachel McDonald、Tara Berthier、Tori Marra、Caitie Bradley）的平台呈现，以及理查德·纳什（Richard Nash）的智慧与慷慨协助。没有他们的协助，这本书可能永远不会问世。

特别鸣谢宝马集团和宝马设计公司的员工蒂姆·穆勒、比吉特·普克利兹奇、索尼娅·谢弗、迪伊·苏帕瓦尼奇、彼得·福尔特、阿德里安·冯·霍东克和弗兰克·斯蒂芬森（Tim Muelle、Birgit Pucklitzsch、Sonja Schiefer、Dee Supavanichy、Peter Falt、Adrian Von Hooydonk、Frank Stephenson）。他们为打造真正的经典属性铺平了道路,激励着我们所有的人。

当我们迷失方向时,是耐克公司的领导者菲利普·汉密尔顿、克里斯托弗·威廉姆斯和颜以滋(Philip Hamilton、Christopher Williams、Iris Yen)为我们指明了方向,他们的出众才华令我们叹服。

在这段旅程中,我们也得到了Continuum创新团队成员的持续支持和智慧引导。这些成员包括克里斯·米肖、格雷琴·赖斯、金立文和布莱恩·温(Chris Michaud、Gretchen Rice、Liwen Jin、Brian Wen)。

除此之外,我们要感谢我们的导师,是他们给予了我们关键的指导,在我们陷入困境时给予我们鞭策与指点,在我们受挫时及时伸出援手,在我们自鸣得意时给予我们恰当、温和的警示。感谢罗杰·马丁(Roger Martin),他最先提议,力荐我们写下这本书,并且比任何人都更早地看到了这本书的潜力;感谢克劳迪娅·科奇卡(Claudia Kotchka),感谢她教会了我们这么多关于创新和人性的知识;感谢查尔斯·祖克(Charles Zook),感谢他做到了几乎不可能做到的事,让我们对自己诚实;感谢大卫·赵(David Chao),感谢他一直以来对我们的声援;感谢斯蒂芬·杜尔(Stephen Dull),感谢他让我们分享令人惊叹的传承；感谢马蒂诺·斯卡比亚·格雷尼（Martino Scabbia Guerrini），感谢他将艺术与科学结合起来的勇气，给我们以启示。感谢鲍勃·希勒（Bob Shearer），感谢他总是"刨根问底"，让我们得以不断深思；感谢埃里克·怀斯曼（Eric Wiseman），感谢他极具感染力的远见卓识给予我们良好的建议；感谢雷伊·王（Ray Wang），感谢他开拓进取而不因循守旧的思想值得我们学习；感谢谢文暄（Wen Hsieh），感谢他对恩师的信任；还要感谢奇普·希思（Chip Heath），感谢他从最初就支持我们，在土壤并不肥沃时就帮助我们播下思想的种子，即使在干旱时节也从未放弃。

最后，我们要感谢我们的家人，在我们辞职去追寻新梦想时，他们对我们仍充满信心。

戴夫·博斯（Dave Birss）要对瓦莱丽、艾奥娜和西蒙娜（Valerie、Iona、Simone）表示感谢。在写作思路不畅时，是他们证明生活中还有比敲击键盘更重要的事情。

余松佳则要感谢父母艾伯特（Albert）和基恩（Jean）以及姐姐爱丽丝（Alice），感谢他们一直以来的支持，还要感谢克里斯蒂娜（Christine）和布伦登（Brenden），感谢他们为生活增添了乐趣，让每日的笑容都流光万丈。

出品人：许　永
出版统筹：海　云
责任编辑：许宗华
特邀编辑：王颖越
责任校对：雷存卿
封面设计：海　云
版式设计：万　雪
印制总监：蒋　波
发行总监：田峰峥

投稿信箱：cmsdbj@163.com
发　　行：北京创美汇品图书有限公司
发行热线：010-59799930

创美工厂
微信公众平台

创美工厂
官方微博